AF743291

सत्य
जनहित आह्वान

notionpress.com

सत्य
जनहित आह्वान

लव कुश सिंह "विश्वमानव"

सत्यकाशी पीठ
पांचवां और अन्तिम शंकराचार्य पीठ

Notion Press

Old No. 38, New No. 6
McNichols Road, Chetpet
Chennai - 600 031

First Published by Notion Press 2020

ISBN 978-16-48994-49-4

समर्पण

यह पुस्तक समर्पित है -

उन सभी खोजी आत्माओं को,

जो सत्य की ज्योति को अपने भीतर

और संसार के हर कोने में जलाना चाहते हैं।

भारतीय संविधान के धारा-51 (ए)
नागरिक का मौलिक कर्तव्य के अनुसार

01. संविधान के प्रति प्रतिबद्धता, इसके आदर्शों, धाराओं, राष्ट्रीय ध्वज व राष्ट्रीय गान का आदर करना।
02. स्वतंत्रता के लिए संघर्ष हेतु प्रेरित करने वाले सुआदर्शों का अनुकरण करना व उन्हें चिरस्थायी बनाना।
03. भारत की सर्वोच्चता, एकता और अखण्डता की रक्षा करना तथा समर्थन करना।
04. जब भी आवश्यकता पड़े देश की रक्षा करना व राष्ट्रीय सेवाओं हेतु समर्पित होना।
05. समाज में भाई-चारें की भावना का विस्तार करना, मातृत्व भाव, धार्मिक, भाषायिक, क्षेत्रीय विभिन्नताओं में एकता कायम करना तथा नारी सम्मान आदि का ध्यान देना।
06. अपने मिश्रित संस्कृति का मूल्यांकन करना उसको स्थायित्व देना और इसकी परम्परा को कायम रखना।
07. प्राकृतिक सम्पदा की रक्षा करना जिसमें जलवायु, जंगल, झील, नदियां, जंगली जीवों व समस्त जीवों के प्रति दया का भाव सम्मिलित है।
08. वैज्ञानिक भावना को प्रोत्साहित करना, मानवीय भावनाओं के स्वरूप की परख करते रहना।
09. जन सम्पत्ति की सुरक्षा करना और हिंसा आदि का परित्याग करना।
10. व्यक्तिगत, सामूहिक गतिविधियों के प्रत्येक क्षेत्र में सर्वोच्चता हासिल करना, जिससे राष्ट्र शतत उत्थान, प्रयत्न व प्राप्ति की ओर अग्रसर होता रहे।
11. जो कि माता-पिता या अभिभावक हो, वे अपने 6 साल से 14 साल के बच्चों को शिक्षा या अन्य ऐसे सुअवसरों का लाभ उन्हें मुहैया करावें।

मूल जीवन मंत्र

"हे प्रभु, तेरे प्यार में बस दो ही बातें है। एक तो अपना कल्याण करूँ, दूसरा तुझ जैसा बन सबका कल्याण करूँ"

विषय- सूची

मुख पृष्ठ की व्याख्या
भूमिका

क्या है जनहित याचिका (PIL-Public Interest Litigation)

भाग-1: सत्य जनहित याचिका

जनहित याचिका - 01. पूर्ण शिक्षा का अधिकार
जनहित याचिका - 02. राष्ट्रीय शास्त्र
जनहित याचिका - 03. नागरिक मन निर्माण का मानक
जनहित याचिका - 04. सार्वजनिक प्रमाणित सत्य-सिद्धान्त
जनहित याचिका - 05. गणराज्य का सत्य रूप

भाग-2: आह्वान

नागरिकों को आह्वान
विचारकों को आह्वान
शिक्षण क्षेत्र से जुड़े आचार्यो को आह्वान
प्रबंध शिक्षा क्षेत्र को आह्वान
शिक्षा पाठ्यक्रम निर्माता को आह्वान
पत्रकारिता को आह्वान
मानकीकरण संगठन और औद्योगिक जगत को आह्वान
फिल्म निर्माण उद्योग को आह्वान
धर्म क्षेत्र को आह्वान
राजनीतिक दलों को आह्वान
सरकार / शासन को आह्वान
संसद को आह्वान
सर्वोच्च न्यायालय को आह्वान

भाग-3: सत्य आमंत्रण

पाँचवें युग - स्वर्णयुग के तीर्थ सत्यकाशी क्षेत्र में प्रवेश का आमंत्रण
पाँचवें युग - स्वर्णयुग में प्रवेश का आमंत्रण

भाग-4: परिवर्तन

सीधी समझ
नये भारत में, नये मनुष्य के उदय के लिए
व्यवस्था के परिवर्तन या सत्यीकरण का पहला प्रारूप और उसकी कार्य विधि
वे शब्द जिसके बिना युग परिवर्तन सम्भव नहीं

भाग-5: केन्द्र या मध्य (भारत) में पांचवां और अन्तिम सत्यकाशी पीठ

सत्यकाशी पीठ: स्थान
सत्यकाशी पीठ: इतिहास और उद्देश्य
पाँचवाँ और अंतिम शंकराचार्य पीठ: इसकी विशेषता

भाग-6: सत्यकाशी पीठ के कार्य

धारा-उद्धार: धर्म की पुनर्स्थापना
मनुष्य चेतना का रूपांतरण
साधना, दीक्षा और आध्यात्मिक अनुष्ठान
वैश्विक कार्य: मानवता के लिए संदेश
शिव-तत्व और कल्कि-तत्व का मिलन
"सार्वभौम सत्य-सिद्धान्त" पर आधारित "युग परिवर्तन श्रृंखला" के नवयुग के शास्त्र-साहित्य

मुख पृष्ठ की व्याख्या

यह आवरण एक अत्यंत प्रभावशाली, संयत और गंभीर भाव लिये हुए है-ऐसा भाव जो किसी आंदोलन, किसी उच्च नैतिक पुकार या किसी सार्वभौम जन-धर्म के उद्घोष जैसा प्रतीत होता है। गहरे नीले पृष्ठभूमि पर उकेरा गया यह कवर न केवल सौंदर्य में दृढ़ता रखता है, बल्कि अपनी प्रतीक-भाषा के माध्यम से न्याय, सत्य और जनहित की मूल आत्मा को स्पष्ट रूप से प्रकट करता है।

आवरण के केंद्र में स्थित स्वर्णिम प्रतीक-लौ से दहकती हुई मशाल, जिसके साथ न्याय का तराजू और उसके चारों ओर स्वर्ण-लौरल की माला-एक समग्र अर्थ देता है:

मशाल सत्य, प्रकाश और जागृति का चिह्न है;

तराजू न्याय, संतुलन और नैतिकता का प्रतीक;

और **लौरल माला** विजय, शौर्य और जन-कल्याण की परंपरा का संकेत।

इन तीनों का सम्मिलन यह संदेश देता है कि यह पुस्तक केवल सत्य के कथन तक सीमित नहीं, बल्कि सत्य को समाज के केंद्र में स्थापित करने के लिए एक जागरण-आह्वान है-एक आंदोलन, एक कर्तव्य-ध्वनि।

ऊपर बड़े, स्पष्ट, श्वेत अक्षरों में लिखा शीर्षक *"सत्य जनहित आह्वान"* पाठक को यह महसूस कराता है कि यह कृति किसी एक व्यक्ति, किसी एक वर्ग या किसी संकीर्ण विचारधारा का स्वर नहीं है-यह उस संपूर्ण समाज की पुकार है जो न्यायपूर्ण व्यवस्था, पारदर्शिता और वास्तविक लोक-हित को अपना धर्म मानता है।

नीचे लिखा *"सत्यकाशी पीठ – पाँचवां और अन्तिम शंकराचार्य पीठ"* इस पुस्तक को आध्यात्मिक गहराई और वंशानुगत वैधता प्रदान करता है। यह पंक्ति बताती है कि यह आह्वान केवल सामाजिक या प्रशासनिक विमर्श नहीं है, बल्कि एक आध्यात्मिक उद्देश्यता से जन्मा हुआ सत्य-आन्दोलन है-जो मानवता के उत्थान और विश्व-धर्म के वास्तविक मूल्य स्थापित करने की दिशा में अग्रसर है।

समग्र रूप से यह आवरण न्याय, सत्य, साहस और जनकल्याण की एक ऐसी सशक्त छवि रचता है, जो पाठक को एक नए विचार-युग में प्रवेश के लिए प्रेरित करता है।

भूमिका

समाज और राष्ट्र की उन्नति केवल आर्थिक प्रगति, राजनैतिक स्थिरता या तकनीकी उपलब्धियों से सुनिश्चित नहीं होती; उसका वास्तविक आधार वह **शिक्षा-दर्शन** है, जो व्यक्ति को उसकी संपूर्ण मानवीय क्षमता तक ले जा सके। मनुष्य तभी पूर्ण होता है जब वह **बौद्धिक रूप से जाग्रत**, **कौशल में दक्ष**, और **समाज के समक्ष पारदर्शी** होकर अपनी भूमिका निभाए। यही तीनों आधार-**सामान्यीकरण शिक्षा, विशेषीकरण शिक्षा और सत्य नेटवर्क**-इस पुस्तक *"सत्य जनहित आह्वान"* की मूल धुरी हैं। दस्तावेज़ में स्पष्ट रूप से बताया गया है कि राष्ट्र के पूर्णत्व के लिए शिक्षा का यह त्रि-आयामी स्वरूप अनिवार्य है, जो व्यक्ति को ज्ञान, कौशल और सामाजिक प्रकाशितता-इन तीन स्तरों पर विकसित करता है ।

इस ग्रंथ का उद्देश्य केवल विचार प्रस्तुत करना भर नहीं है; यह एक **अभियान** है-एक ऐसी पुकार जो समाज में सत्य, न्याय और जनहित की पुनर्स्थापना के लिए आवश्यक **मानसिक, शैक्षणिक और संगठनात्मक परिवर्तन** की माँग करती है। यहाँ शिक्षा को केवल विद्यालयों की परम्परागत प्रणाली तक सीमित नहीं रखा गया, बल्कि उसे मानव-विकास का सबसे व्यापक उपकरण माना गया है। सामान्यीकरण (Generalisation) अर्थात् वह शिक्षा जो व्यक्ति को सोचने, समझने और व्यापक दृष्टिकोण विकसित करने में सक्षम बनाती है; विशेषीकरण (Specialisation) अर्थात् वह शिक्षा जो व्यक्ति को उसके कौशल में दक्ष बनाती है; और सत्य-नेटवर्क (Real Network) अर्थात् वह चेतना-संरचना, जिसमें व्यक्ति अपने वास्तविक परिचय, मूल्य और योग्यताओं के साथ समाज के समक्ष खड़ा होता है-ये तीनों मिलकर एक **सम्पूर्ण मानव** का निर्माण करते हैं।

आज का समाज ऐसे ही समग्र दृष्टिकोण की माँग कर रहा है। ज्ञान-विस्फोट के इस युग में जहाँ सूचना की भरमार है, वहीं मार्गदर्शन का अभाव है; जहाँ कौशल के अवसर बढ़ रहे हैं, वहीं योग्यताओं की पहचान धुंधली पड़ती जा रही है; और जहाँ व्यक्तित्व का विस्तार सम्भव है, वहीं व्यक्ति स्वयं अपनी पहचान को प्रकट करने में असमर्थ बना दिया गया है। ऐसे समय में *"सत्य जनहित आह्वान"* एक **नैतिक दिशासूचक** बनकर सामने आता है-जो बताता है कि किसी भी राष्ट्र की सच्ची शक्ति उसके शिक्षित, जागरूक और सत्यनिष्ठ नागरिकों में निहित होती है।

यह ग्रंथ व्यक्ति को केवल शिक्षित नागरिक बनाने तक सीमित नहीं है; यह उसे **समाज का सक्रिय, उत्तरदायी और मूल्य-आधारित सहभागी** बनने का मार्ग दिखाता है। यहाँ ज्ञान का उद्देश्य केवल बौद्धिक विस्तार नहीं, बल्कि **राष्ट्रीय सुख** की वृद्धि है; कौशल का लक्ष्य केवल रोज़गार नहीं, बल्कि **राष्ट्रीय उत्पादकता** का उन्नयन है; और सत्य नेटवर्क का प्रयोजन केवल पहचान नहीं, बल्कि **व्यक्ति और समाज के बीच पारदर्शी और विश्वासपूर्ण संबंध** की स्थापना है।

इस पुस्तक की सबसे बड़ी विशेषता यह है कि यह **जनहित को राष्ट्रहित के केंद्र** में रखती है। यह बताती है कि समाज में वास्तविक परिवर्तन केवल नीतियों या योजनाओं के माध्यम से नहीं आता; वह तब आता है जब प्रत्येक नागरिक शिक्षा, कौशल और सत्य के प्रकाश में स्वयं को बदलता है और अपनी ऊर्जा राष्ट्र के कल्याण के लिए समर्पित करता है। यही "आह्वान" इस पुस्तक का मर्म है-एक ऐसा आह्वान जो व्यक्ति के भीतर छुपी अच्छाई, क्षमता और कर्तव्य-बोध को जाग्रत करता है।

इस दृष्टि से "सत्य जनहित आह्वान" सिर्फ एक पुस्तक नहीं-**एक प्रस्तावना, एक मार्ग-दर्शन और एक सामाजिक संकल्प** है। यह उस भविष्य की कल्पना करता है जहाँ शिक्षा संपूर्ण हो, समाज पारदर्शी हो, और व्यक्ति सत्य को अपने जीवन का आधार बनाकर आगे बढ़े। आने वाले नवयुग में प्रवेश के लिए यह पुस्तक एक वैचारिक सेतु है-जो परम्परा और आधुनिकता, व्यक्ति और राष्ट्र, ज्ञान और कर्म के बीच संतुलन स्थापित करती है।

✍ लव कुश सिंह "विश्वमानव"

एक शोधक, चिंतक और मार्गदर्शक, जिन्होंने अपना जीवन *मानवता, आत्मा और नव-सृष्टि* के अध्ययन एवं लेखन को समर्पित किया है।

- प्रमुख ग्रंथ: *विश्वशास्त्र*
- दृष्टि: *नव-मनुष्य और नव-संसार का निर्माण*

क्या है जनिहत याचिका (PIL-Public Interest Litigation)

जनहित याचिकाओं का विचार अमेरिका में जन्मा, वहाँ इसे सामाजिक कार्यवाही याचिका कहते हैं। यह न्यायपालिका का आविष्कार तथा न्यायाधीश निर्मित विधि है। जनहित याचिका भारत में श्री पी.एन.भगवती ने प्रारम्भ की थी। ये याचिकाएँ जनहित को सुरक्षित तथा बढ़ाना चाहती हैं। ये लोकहित भावना पर कार्य करती है। ये ऐसे न्यायायिक उपकरण हैं जिनका लक्ष्य जनहित प्राप्त करना है। इनका लक्ष्य तीव्र तथा सस्ता न्याय एक आदमी को दिलवाना तथा कार्यपालिका-विधायिका को उनके संवैधानिक कार्य करवाने हेतु किया जाता है। ये समूह हित में काम आती हैं, न कि व्यक्ति हित में। यदि इनका दुरूपयोग किया जाये ता याचिकाकर्ता पर जुर्माना तक किया जा सकता है। इनको स्वीकारना या न स्वीकारना न्यायालय पर निर्भर करता है। इनकी स्वीकृति हेतु सुप्रीम कोर्ट ने कुछ नियम बनाये हैं-

1. लोकहित से प्रेरित कोई भी व्यक्ति और संगठन इसे ला सकता है।
2. कोर्ट को दिया गया पोस्टकार्ड भी रिट याचिका मानकर ये जारी की जा सकती है।
3. कोर्ट को अधिकार होगा कि वह इस याचिका हेतु सामान्य न्यायालय शुल्क भी माफ कर दे।
4. ये राज्य के साथ ही निजी संस्थान के विरूद्ध भी लायी जा सकती है।

देश के हर नागरिक को संविधान की ओर से छह मूल अधिकार दिए गए है। ये हैं- 1. समानता का अधिकार, 2. स्वतंत्रता का अधिकार, 3. शोषण के खिलाफ अधिकार, 4. संस्कृति और शिक्षा का अधिकार, 5. धार्मिक स्वतंत्रता का अधिकार और 6. मूल अधिकार पाने का रास्ता।

अगर किसी नागरिक (आम आदमी) के किसी भी मूल अधिकार का हनन हो रहा है, तो वह हाई कोर्ट और सुप्रीम कोर्ट में याचिका दायर कर मूल अधिकार के के लिए गुहार लगा सकता है। वह अनुच्छेद-226 के तहत हाई कोर्ट का और अनुच्छेद-32 के तहत सुप्रीम कोर्ट का दरवाजा खटखटा सकता है। अगर यह मामला निजी न होकर व्यापक जनिहत से जुड़ा है तो याचिका को जनिहत याचिका के तौर पर देखा जाता है। पीआईएल डालने वाले शख्स को अदालत को यह बताना होगा कि कैसे उस मामले में आम लोंगो का हित प्रभावित हो रहा है? अगर मामला निजीहित से जुड़ा है या निजी तौर पर किसी के अधिकारों का हनन हो रहा है तो उसे जनिहत याचिका नहीं माना जाता। ऐसे मामलों में दायर की गईं याचिका को पर्सनल इन्टरेस्ट लिटिगेशन कहा जाता है और इसी के तहत उसकी सुनवाईं होती है। दायर की गई याचिका जनहित है कि नहीं, इसका फैसला कोर्ट ही करता है।

पीआईएल में सरकार को प्रतिवादी बनाया जाता है। सुनवाई के बाद सुप्रीम कोर्ट और हाई कोर्ट सरकार को उचित निर्देश जारी करती है। यानी पीआईएल के जरिए लोग जनहित के मामलों में सरकार को अदालत से निर्देश जारी करवा सकते हैं।

कहाँ दाखिल होती है पी.आई.एल

पीआईएल हाई कोर्ट या सुप्रीम कोर्ट में दायर की जा सकती है। इससे नीचे की अदालतों में पीआईएल दाि़खल नहीं होती। कोई भी पीआईएल आमतौर पर पहले हाई कोर्ट में ही दाखिल की जाती है। वहां से अर्जी खारिज होने के बाद ही सुप्रीम कोर्ट का दरवाजा खटखटाया जाता है। कई बार मामला व्यापक जनिहत से जुड़ा होता है। ऐसे में सुप्रीम कोर्ट सीधे भी पीआईएल पर अनुच्छेद-32 के तहत सुनवाई करती है।

कैसे दाखिल करें पी.आई.एल

1. लेटर (पत्र) के जरिये

अगर कोई शख्स आम आदमी से जुड़े मामले में हाई कोर्ट या सुप्रीम कोर्ट को लेटर लिखता है, तो कोर्ट देखता है कि क्या मामला वाकई आम आदमी के हित से जुड़ा है। अगर ऐसा है तो उस लेटर को ही पीआईएल के तौर पर लिया जाता है और सुनवाई होती है।

लेटर में यह बताया जाना जरूरी है कि मामला कैसे जनहित से जुड़ा है और याचिका में जो भी मुद्दे उठाए गए हैं, उनके हक में पुख्ता सबूत क्या हैं। अगर कोई सबूत है तो उसकी कॉपी भी लेटर के साथ लगा सकते हैं। लेटर जनिहत याचिका में तब्दील होने के बाद सम्बन्धित पक्षों को नोटिस जारी होता है और याचिकाकर्ता को भी कोर्ट में पेश होने के लिए कहा जाता है। सुनवाई के दौरान अगर याचिकाकर्ता के पास वकील न हो तो कोर्ट वकील मुहैया करा सकती है।

लेटर हाई कोर्ट के चीफ जस्टिस के नाम लिखा जा सकता है। सुप्रीम कोर्ट के चीफ जस्टिस के नाम भी यह लेटर लिखा जा सकता है। लेटर हिन्दी या अंग्रेजी में लिख सकते हैं। यह हाथ से लिखा भी हो सकता है और टाइप किया हुआ भी। लेटर डाक से भेजा जा सकता है। जिस हाई कोर्ट के अधिकार क्षेत्र से सम्बन्धित मामला है, उसी को लेटर लिखा जाता है। लिखने वाला कहाँ रहता है, इससे कोई मतलब नहीं है।

दिल्ली से सम्बन्धित मामलों के लिए दिल्ली हाई कोर्ट में, फरीदाबाद और गुड़गांव से संबधित मामलों के लिए पंजाब एंड हरियाणा हाई कोर्ट में और यूपी से जुड़े मामलों के लिए इलाहाबाद हाई कोर्ट में लेटर लिखना होगा। लेटर लिखने के लिए कोर्ट के पते इस तरह हैं-

1. चीफ जस्टिस
सुप्रीम कोर्ट ऑफ इंडिया
तिलक मार्ग,
नई दिल्ली- 110001

2. चीफ जस्टिस
दिल्ली हाई कोर्ट,
शेरशाह रोड,
नई दिल्ली- 110003

3. चीफ जस्टिस
इलाहाबाद हाई कोर्ट
1, लाल बहादुर शास्त्री मार्ग,
इलाहाबाद (उ0प्र0)

4. चीफ जस्टिस
पंजाब एण्ड हरियाणा हाई कोर्ट
सेक्टर 1,
चंडीगढ़ (यू0टी0)

लेटर (पत्र) का प्रारूप
पत्र निम्न प्रकार प्रारम्भ करें और निचे अपना नाम और पता लिखें –

दिनांकः ....

सेवा में,
मुख्य न्यायाधीश
सर्वोच्च न्यायालय, भारत
तिलक मार्ग, नई दिल्ली – 110001

विषयः ....

माननीय महोदय,

....
....

पूर्ण सम्मान के साथ

दिनांक - प्रार्थी (याचिकाकर्ता के हस्ताक्षर)

पूरा पता - (पूरा नाम)

2. वकील के जरिये

कोई भी शख्स वकील के मदद से जनहित याचिका दायर कर सकता है। वकील याचिका तैयार करने में मदद करते हैं। याचिका में प्रतिवादी कौन होगा और किस तरह उसे ड्राफ्ट किया जाएगा, इन बात के लिए वकील की मदद जरूरी है। पीआईएल दायर करने के लिए कोई फीस नहीं लगती। इसे सीधे काउंटर पर जाकर जमा करना होता है। हां, जिस वकील से इसके लिए सलाह ली जाती है, उसकी फीस देनी होती है। पीआईएल ऑनलाइन दायर नहीं की जा सकती।

कोर्ट का खुद संज्ञान

अगर मीडिया में जनहित से जुड़े मामले पर कोई खबर छपे, तो सुप्रीम कोर्ट या हाई कोर्ट अपने आप संज्ञान ले सकती है। कोर्ट उसे पीआईएल की तरह सुनती है और आदेश पारित करती है।

नागरिकों व अन्य संगठन से निवेदन है कि राष्ट्रहित के लिए निम्नलिखित जनहित याचिका के प्रारूप को लिफाफे में रखकर अधिक से अधिक सर्वोच्च न्यायालय को प्रेषित करें।

भाग-1

सत्य जनहित याचिका

जनहित याचिका - 01. पूर्ण शिक्षा का अधिकार

जनहित याचिका - 02. राष्ट्रीय शास्त्र

जनहित याचिका - 03. नागरिक मन निर्माण का मानक

जनहित याचिका - 04. सार्वजनिक प्रमाणित सत्य-सिद्धान्त

जनहित याचिका - 05. गणराज्य का सत्य रूप

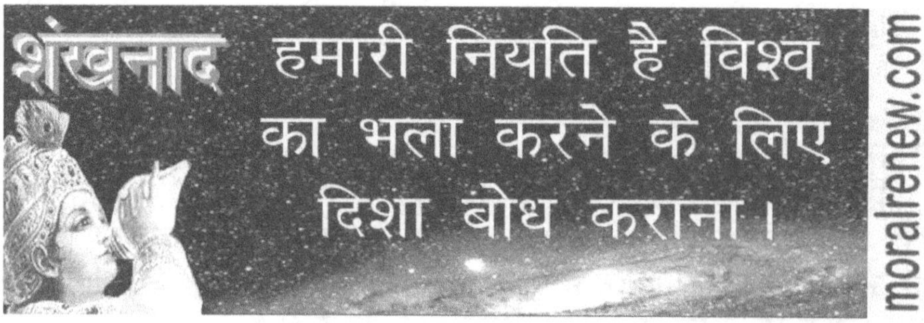

01. पूर्ण शिक्षा का अधिकार

सेवा में,

माननीय मुख्य न्यायाधीश महोदय,
सर्वोच्च न्यायालय, भारत,
तिलक मार्ग, नई दिल्ली – 110001

विषय - एक भारत-श्रेष्ठ भारत निर्माण के लिए "पूर्ण शिक्षा के अधिकार" हेतु जनहित याचिका।

माननीय महोदय,

राष्ट्र के सजग और समर्पित नागरिक होने के कारण भारतीय संविधान के धारा-51(ए) के अन्तर्गत नागरिक का मौलिक कर्तव्य तथा जनहित याचिका के माध्यम से मैं निवेदन करता हूँ कि-

मानव सभ्यता अपने विकास चरणों को सफलतापूर्वक पार करते हुये वर्तमान समय में पदार्थ आधारित विज्ञान, पदार्थ विज्ञान और मन आधारित विज्ञान, आध्यात्म विज्ञान दोनों के चरम पर पहुँच चुका है। और हम सभी "निर्माण" शब्द से परिचित होकर, निर्माता के रूप में - मनुष्य स्वयं को स्थापित कर चुका है। विज्ञान और आध्यात्म दोनों यह मानता है कि -"सभी अनुभव प्रवृत्तियों के रूप में अनुभव करने वाली जीवात्मा में संगृहीत रहते हैं और उसे अविनाशी जीवात्मा के पुनर्जन्म द्वारा संक्रमित किये जाते हैं; भौतिकवाद वाले मस्तिष्क को सभी कर्मों के आधार होने के और बीजाणुओं के द्वारा उनके संक्रमण का सिद्धान्त मानते हैं। यदि बीजाणुओं द्वारा आनुवंशिक संक्रमण समस्या को हल करने के लिए पूर्णतः पर्याप्त है, तब तो भैतिकता ही अपरिहार्य है और आत्मा के सिद्धान्त की कोई आवश्यकता नहीं है। यदि वह पर्याप्त नहीं है, तो प्रत्येक आत्मा अपने साथ इस जन्म में अपने भूतकालिक अनुभवों को लेकर आती है, यह सिद्धान्त पूर्णतः सत्य है। पुनर्जन्म या भौतिकता-इन दो में से किसी एक को मानने के सिवा और कोई गति नहीं है।"

इस प्रकार हम सभी जो वातावरण अपने शब्दों और साहित्यों से व्यक्त करते हैं वह हम सभी पर निर्भर जीवों के मन का निर्माण करता है अर्थात देश और विश्व की स्थिति जो भी हो, वह हमारे द्वारा ही निर्मित है। ऐसी स्थिति में एक पूर्ण शिक्षा पाठ्यक्रम की आवश्यकता है जिससे हम सभी पूर्ण मानव का निर्माण कर सके, दूसरे अर्थ में पूर्ण मानव का उत्पादन कर सकें।

"शिक्षा के अधिकार" के बाद "पूर्ण शिक्षा का अधिकार" हमारे आने वाली पीढ़ी को मिलना चाहिए जो पूरे राष्ट्र के हित के लिए है और उसे प्रभावित करता है। "शिक्षा के अधिकार" साक्षर होने को व्यक्त करता है जबकि "पूर्ण शिक्षा का अधिकार", हमें क्या पढ़ाया जा रहा है और हमारा निर्माण किस रूप में किया जा रहा है, इससे सम्बन्धित है।

देश, शिक्षा के क्षेत्र में सैकड़ों सरकारी व सैकड़ों नीजी विश्वविद्यालय की स्थापना कर चुका है इसके अलावा महाविद्यालय, इण्टर कालेज, जूनियर व प्राथमिक शिक्षा के विद्यालय भी हैं। इनमें शिक्षक हैं जो वर्षो से शैक्षिक कार्य में हैं उनके द्वारा लाखों बौद्धिक शक्ति का निर्माण हुआ है। वैश्विकरण और ज्ञान की ओर बढ़ते इस युग में "पूर्ण शिक्षा पाठ्यक्रम" के निर्माण में इनकी सहायता ली जा सकती है।

अतः निवेदन है कि राष्ट्र की एकता, अखण्डता, विकास, साम्प्रदायिक एकता, समन्वय, नागरिकों के ज्ञान की पूर्णता इत्यादि जो कुछ भी राष्ट्रहित में हैं उसके लिए वे शिक्षा के क्षेत्र के सैकड़ों सरकारी व सैकड़ों नीजी विश्वविद्यालय, महाविद्यालय, इण्टर कालेज, जूनियर व प्राथमिक शिक्षा के विद्यालय के माध्यम से उपरोक्त उद्देश्यों को पूर्ण कराये जो राष्ट्र के वर्तमान और भविष्य के लिए अतिआवश्यक है। जो नागरिकों का राष्ट्र के प्रति कर्तव्य निर्धारण व परिभाषित करने का मार्ग भी है।

पूर्ण सम्मान के साथ

दिनांक -

प्रार्थी (याचिकाकर्ता के हस्ताक्षर)

पूरा पता -

पूरा नाम

02. राष्ट्रीय शास्त्र

सेवा में,

माननीय मुख्य न्यायाधीश महोदय,
सर्वोच्च न्यायालय, भारत,
तिलक मार्ग, नई दिल्ली – 110001

विषय - एक भारत-श्रेष्ठ भारत निर्माण के लिए "राष्ट्रीय शास्त्र" हेतु जनहित याचिका।

माननीय महोदय,

राष्ट्र के सजग और समर्पित नागरिक होने के कारण भारतीय संविधान के धारा-51(ए) के अन्तर्गत नागरिक का मौलिक कर्तव्य तथा जनहित याचिका के माध्यम से मैं निवेदन करता हूँ कि-

जिस प्रकार भारत में एक राष्ट्रीय ध्वज (तिरंगा), एक राष्ट्रीय पक्षी (भारतीय मोर), एक राष्ट्रीय पुष्प (कमल), एक राष्ट्रीय पेड़ (भारतीय बरगद), एक राष्ट्रीय गान (जन गण मन), एक राष्ट्रीय नदी (गंगा), एक राष्ट्रीय प्रतीक (सारनाथ स्थित अशोक स्तम्भ का सिंह), एक राष्ट्रीय पंचांग (शक संवत पर आधारित), एक राष्ट्रीय पशु (बाघ), एक राष्ट्रीय गीत (वन्दे मातरम्), एक राष्ट्रीय फल (आम), एक राष्ट्रीय खेल (हाकी), एक राष्ट्रीय मुद्रा चिन्ह, एक संविधान है उसी प्रकार एक राष्ट्रीय शास्त्र भी भारत को आवश्यकता है। जिससे नागरिक अपने व्यक्तिगत धर्म शास्त्र को मानते हुये भी राष्ट्रधर्म को भी जान सके। जो लोकतन्त्र का विश्व धर्म/एकता धर्म/लोकतन्त्र धर्म/समष्टि धर्म/प्राकृतिक धर्म/सत्य धर्म/संयुक्तमन धर्म/ईश्वर धर्म/सार्वजनिक धर्म/दृश्य धर्म/मानव धर्म/धर्मनिरपेक्ष धर्म और उसका शास्त्र भी होगा।

यह आवश्यक और व्यापक जनहित के लिए इसलिए है कि राष्ट्र स्वयं के प्रति समर्पित भावना के नागरिक का निर्माण कर सके और जनता को स्वयं सहित राष्ट्र के प्रति कत्र्तव्य बोध हो सके जिससे उनकी बौद्धिकता व्यापक होकर कम से कम अपने राष्ट्र के स्तर तक पहुँच सके।

अतः निवेदन है कि राष्ट्र की एकता, अखण्डता, विकास, साम्प्रदायिक एकता, समन्वय, नागरिकों के ज्ञान की पूर्णता इत्यादि जो कुछ भी राष्ट्रहित में हैं उसके लिए वे राष्ट्र क्षेत्र के आध्यात्मिक-राजनैतिक-सामाजिक-व्यावसायिक बौद्धिक शक्ति के माध्यम से उपरोक्त उद्देश्यों को पूर्ण कराये जो राष्ट्र के वर्तमान और भविष्य के लिए अतिआवश्यक है। जो नागरिकों का राष्ट्र के प्रति कर्तव्य निर्धारण व परिभाषित करने का मार्ग भी है।

पूर्ण सम्मान के साथ

दिनांक -

प्रार्थी (याचिकाकर्ता के हस्ताक्षर)

पूरा पता -

पूरा नाम

03. नागरिक मन निर्माण का मानक

सेवा में,

माननीय मुख्य न्यायाधीश महोदय,
सर्वोच्च न्यायालय, भारत,
तिलक मार्ग, नई दिल्ली – 110001

विषय - एक भारत-श्रेष्ठ भारत निर्माण के लिए "नागरिक मन निर्माण का मानक" हेतु जनहित याचिका।

माननीय महोदय,

राष्ट्र के सजग और समर्पित नागरिक होने के कारण भारतीय संविधान के धारा-51(ए) के अन्तर्गत नागरिक का मौलिक कर्तव्य तथा जनहित याचिका के माध्यम से मैं निवेदन करता हूँ कि-

मानव सभ्यता अपने विकास चरणों को सफलतापूर्वक पार करते हुये वर्तमान समय में पदार्थ आधारित विज्ञान, पदार्थ विज्ञान और मन आधारित विज्ञान, आध्यात्म विज्ञान दोनों के चरम पर पहुँच चुका है। और हम सभी "निर्माण" शब्द से परिचित होकर, निर्माता के रूप में - मनुष्य स्वयं को स्थापित कर चुका है। विज्ञान और आध्यात्म दोनों यह मानता है कि -"सभी अनुभव प्रवृत्तियों के रूप में अनुभव करने वाली जीवात्मा में संगृहीत रहते हैं और उसे अविनाशी जीवात्मा के पुनर्जन्म द्वारा संक्रमित किये जाते हैं; भौतिकवाद वाले मस्तिष्क को सभी कर्मों के आधार होने के और बीजाणुओं के द्वारा उनके संक्रमण का सिद्धान्त मानते हैं। यदि बीजाणुओं द्वारा आनुवंशिक संक्रमण समस्या को हल करने के लिए पूर्णतः पर्याप्त है, तब तो भैतिकता ही अपरिहार्य है और आत्मा के सिद्धान्त की कोई आवश्यकता नहीं है। यदि वह पर्याप्त नहीं है, तो प्रत्येक आत्मा अपने साथ इस जन्म में अपने भूतकालिक अनुभवों को लेकर आती है, यह सिद्धान्त पूर्णतः सत्य है। पुनर्जन्म या भौतिकता-इन दो में से किसी एक को मानने के सिवा और कोई गति नहीं है।"

इस प्रकार हम सभी जो वातावरण अपने शब्दों और साहित्यों से व्यक्त करते हैं वह हम सभी पर निर्भर जीवों के मन का निर्माण करता है अर्थात देश और विश्व की स्थिति जो भी हो, वह हमारे द्वारा ही निर्मित है।

यह राष्ट्र क्षेत्र के सभी आध्यात्मिक-राजनैतिक-सामाजिक-व्यावसायिक संगठन से पूछा जाना चाहिए कि वे किस प्रकार के नागरिक का निर्माण करना चाहते हैं और उसका मानक क्या हैं?

यह आवश्यक और व्यपाक जनहित के लिए इसलिए है कि जनता स्वयं को यह जान सके कि उनका निर्माण किस उद्देश्य के लिए किया जा रहा है और उनका उपयोग किस क्षेत्र में है। जिससे वे अपने निर्मित मन (मानव संसाधन) के अनुसार उस क्षेत्र में कार्य कर सकें।

अतः निवेदन है कि राष्ट्र की एकता, अखण्डता, विकास, साम्प्रदायिक एकता, समन्वय, नागरिकांे के ज्ञान की पूर्णता इत्यादि जो कुछ भी राष्ट्रहित में हैं उसके लिए राष्ट्र क्षेत्र के सभी आध्यात्मिक-राजनैतिक-सामाजिक-व्यावसायिक संगठन से पूछा जाना चाहिए कि वे किस प्रकार के नागरिक का निर्माण करना चाहते हैं और उसका मानक क्या हैं? जो राष्ट्र के वर्तमान और भविष्य के लिए अतिआवश्यक है। जो नागरिकों का राष्ट्र के प्रति कर्तव्य निर्धारण व परिभाषित करने का मार्ग भी है।

पूर्ण सम्मान के साथ

दिनांक -

प्रार्थी (याचिकाकर्ता के हस्ताक्षर)

पूरा पता -

पूरा नाम

04. सार्वजनिक प्रमाणित सत्य-सिद्धान्त

सेवा में,

माननीय मुख्य न्यायाधीश महोदय,
सर्वोच्च न्यायालय, भारत,
तिलक मार्ग, नई दिल्ली – 110001

विषय - सार्वजनिक प्रमाणित सत्य-सिद्धान्त को सार्वजनिक करने हेतु जनहित याचिका।

माननीय महोदय,

राष्ट्र के सजग और समर्पित नागरिक होने के कारण भारतीय संविधान के धारा-51(ए) के अन्तर्गत नागरिक का मौलिक कर्तव्य तथा जनहित याचिका के माध्यम से मैं निवेदन करता हूँ कि-

मानव सभ्यता अपने विकास चरणों को सफलतापूर्वक पार करते हुये वर्तमान समय में पदार्थ आधारित विज्ञान, पदार्थ विज्ञान और मन आधारित विज्ञान, आध्यात्म विज्ञान दोनों के चरम पर पहुँच चुका है। और हम सभी दोनों दिशाओं से अनेक सार्वभौम सिद्धान्तों को प्राप्त कर चुके हैं। ऐसी स्थिति में सभी दिशाओं/विषयों की ओर से आने वाले सिद्धान्तों का एकीकरण करते हुये हमें "एक सार्वजनिक प्रमाणित सार्वभौम सत्य-सिद्धान्त" को सार्वजनिक कर देना चाहिए।

"एक सार्वभौम सत्य-सिद्धान्त" को सार्वजनिक करने से जनता के लिए हित का विषय ये है कि उन्हें मानसिक-बौद्धिक स्थिरता प्राप्त होगी और उससे वे अपने जीवन में प्रणाली का विकास कर पायेंगे साथ राष्ट्रीय बौद्धिक क्षमता का भी विकास होगा। परिणामस्वरूप राष्ट्र के राष्ट्रीय सुख में विकास होगा।

अतः निवेदन है कि राष्ट्र की एकता, अखण्डता, विकास, साम्प्रदायिक एकता, समन्वय, नागरिकों के ज्ञान की पूर्णता इत्यादि जो कुछ भी राष्ट्रहित में हैं उसके लिए राष्ट्र क्षेत्र के सभी आध्यात्मिक-राजनैतिक-सामाजिक-व्यावसायिक संगठन से पूछा जाना चाहिए कि उनकी दृष्टि-अनुभव-प्रयोग में कौन सा "एक सार्वजनिक प्रमाणित सार्वभौम सत्य-सिद्धान्त" हैं? जो राष्ट्र के वर्तमान और भविष्य के लिए अतिआवश्यक है। जो नागरिकों का राष्ट्र के प्रति कर्तव्य निर्धारण व परिभाषित करने का मार्ग भी है।

पूर्ण सम्मान के साथ

दिनांक - प्रार्थी (याचिकाकर्ता के हस्ताक्षर)

पूरा पता - पूरा नाम

05. गणराज्य का सत्य रूप

सेवा में,

माननीय मुख्य न्यायाधीश महोदय,
सर्वोच्च न्यायालय, भारत,
तिलक मार्ग, नई दिल्ली – 110001

विषय - गणराज्य के सत्य रूप को सार्वजनिक करने हेतु जनहित याचिका।

माननीय महोदय,

राष्ट्र के सजग और समर्पित नागरिक होने के कारण भारतीय संविधान के धारा-51(ए) के अन्तर्गत नागरिक का मौलिक कर्तव्य तथा जनहित याचिका के माध्यम से मैं निवेदन करता हूँ कि-

मानव सभ्यता अपने विकास चरणों को सफलतापूर्वक पार करते हुये वर्तमान समय में पदार्थ आधारित विज्ञान, पदार्थ विज्ञान और मन आधारित विज्ञान, आध्यात्म विज्ञान दोनों के चरम पर पहुँच चुका है। और हम सभी दोनों दिशाओं से अनेक सार्वभौम सिद्धान्तों को प्राप्त कर चुके हैं। इस विकास यात्रा में हम सभी साकार व्यक्ति आधारित राजतन्त्र में राजा से उठकर साकार व्यक्ति आधारित लोकतन्त्र में आये, फिर निराकार संविधान आधारित लोकतन्त्र में आ गये।

इस विकास क्रम में निःसन्देह मानव ने अनुभव और बौद्धिक विकास भी व्यापकता के साथ किया है और इस क्रम में भारत ने लोकतन्त्र का सफलतापूर्वक संचालन करते हुए विश्व के समक्ष स्वयं को एक सर्वोच्च उदाहरण के रूप में भी प्रस्तुत किया है। भारत के सम्मानित संविधान निर्मातागण ने भारत देश के संविधान के प्रस्तावना में "समाजवादी लोकतन्त्रात्मक गणराज्य बनाने के लिए" वाक्य दिया है। संविधान में परिवर्तन के लिए अधिकृत भारतीय संसद से गणराज्य के सत्य रूप के लिए पूछा जाना चाहिए जिससे संविधान के प्रस्तावना में दिये गये "समाजवादी लोकतन्त्रात्मक गणराज्य बनाने के लिए" वाक्य के अर्थ को पाने के लिए और भारत को मानक गणराज्य बनाने के लिए देश बौद्धिकता को प्राप्त कर सके।

गणराज्य के सत्य रूप को सार्वजनिक करने से जनता के लिए हित का विषय ये है कि उनका मानसिक-बौद्धिक स्वरूप व्यष्टि से समष्टि में व्यापक स्वरूप को प्राप्त कर स्वयं और देश के एकरूप हो जायेंगे। साथ ही "एक भारत - श्रेष्ठ भारत" के अर्थ को समझ पायेंगे और इसके निर्माण में उनका बौद्धिक योगदान हो सकेगा। क्योंकि हम सभी को लोकतन्त्र के विकास यात्रा अन्तिम चरण पूर्ण लोकतन्त्र के लिए मानक व संविधान आधारित लोकतन्त्र तक पहुँचना है और विश्व को एक मानक लोकतन्त्र देना है।

अतः निवेदन है कि राष्ट्र की एकता, अखण्डता, विकास, साम्प्रदायिक एकता, समन्वय, नागरिकों के ज्ञान की पूर्णता इत्यादि जो कुछ भी राष्ट्रहित में हैं उसके लिए भारतीय संसद से गणराज्य के सत्य रूप के लिए पूछा जाना चाहिए जो राष्ट्र के वर्तमान और भविष्य के लिए अतिआवश्यक है। जो नागरिकों का राष्ट्र के प्रति कर्तव्य निर्धारण व परिभाषित करने का मार्ग भी है।

पूर्ण सम्मान के साथ

दिनांक - प्रार्थी (याचिकाकर्ता के हस्ताक्षर)

पूरा पता - पूरा नाम

भाग-2

आह्वान

नागरिकों को आह्वान
विचारकों को आह्वान
शिक्षण क्षेत्र से जुड़े आचार्यों को आह्वान
प्रबंध शिक्षा क्षेत्र को आह्वान
शिक्षा पाठ्यक्रम निर्माता को आह्वान
पत्रकारिता को आह्वान
मानकीकरण संगठन और औद्योगिक जगत को आह्वान
फिल्म निर्माण उद्योग को आह्वान
धर्म क्षेत्र को आह्वान
राजनीतिक दलों को आह्वान
सरकार / शासन को आह्वान
संसद को आह्वान
सर्वोच्च न्यायालय को आह्वान

गेंद उपर जाती है फिर नीचे गिरती है। प्रत्येक व्यक्ति के पास एक सर्वोच्च विचार होता है उसे भी व्यक्त कर देने के बाद नीचे आना पड़ता है। ऐसा विचार जो कभी नीचे ना आ सके उसे ही ईश्वरीय विचार कहते हैं।

वाट-वटखरा तोलने के लिए बना है
पूजा करने के लिए नहीं।
मानक-पैमाना-मात्रक तोलने के लिए बना है
पूजा करने के लिए नहीं।
ईश्वर-आत्मा-सार्वभौम सत्य-सिद्धान्त मनुष्य को
तोलने के लिए बना है पूजा करने के लिए नहीं।
पूजा करने से ज्यादा, स्वयं को तोलने में अधिक लाभ है।

- लव कुश सिंह "विश्वमानव"

नागरिकों को आह्वान

प्रिय विश्व राष्ट्र के नागरिकों, आप सभी को अब यह अच्छी प्रकार समझ लेना चाहिए कि इस धरती को स्वर्ग बनाने के लिए एक मात्र आप ही कारण हो। और इस कार्य में जो मनुष्यों के वश की बात नहीं थी उस कार्य को समयानुसार प्रकृति ने उपलब्ध करा दिया है। मूल अर्थात् सार्वभौम सत्य-सिद्धान्त तथा शाखा अर्थात् तन्त्र, और यही वृक्ष शास्त्र कहे जाते हैं। यह वृक्ष शास्त्र ही "विश्वशास्त्र" है।

इस विश्वशास्त्र को आप सभी को समर्पित करने के बाद ईश्वर के पास कुछ भी शेष नहीं है और ईश्वर अपने कर्तव्य से मुक्त और मोक्ष को प्राप्त कर चुका है। निर्णय आपके हाथ में है कि आप ज्ञान-कर्मज्ञान का आस करेंगे या समय का पास। यह पूर्णतः आप पर ही निर्भर है। केवल मन से युक्त होकर पशु मानव जीते है। संयुक्त मन से युक्त होकर जीना मानव का जीना है तथा सार्वभौम सत्य-सिद्धान्त से युक्त संयुक्त मन, ईश्वरीय मानव की अवस्था है। यह विश्वशास्त्र ही आपका अपना यथार्थ स्वरूप और आपका कल्याणकर्ता है इसलिए मैं आपका आह्वान करता हूँ कि अब आप मेरे ईश्वरीय समाज में आने के लिए स्वतन्त्र है जिसके लिए आपको कहीं आना-जाना नहीं है। आप जिस समाज, धर्म, सम्प्रदाय, मत इत्यादि में हैं, वहीं रहे। सिर्फ "विश्वशास्त्र" को पढ़े और पूर्णता को प्राप्त करें क्योंकि कोई भी विचारधारा चाहे उसकी उपयोगिता कालानुसार समाज को हो या न हो, यदि वह संगठन का रूप लेकर अपना आय स्वयं संचालित करने लगती है तो उसके साथ व्यक्ति जीवकोपार्जन, श्रद्धा व विश्वास से जुड़ता है न कि ज्ञान के लिए। पाँचवें युग-स्वर्णयुग और ईश्वरीय समाज में प्रवेश करने के लिए आप सभी को मैं लव कुश सिंह "विश्वमानव" हृदय से आमंत्रित करता हूँ। साथ ही समस्त विश्व को ईश्वरीय समाज में प्रवेश कराने हेतु

1. पूर्ण शिक्षा का अधिकार
2. राष्ट्रीय शास्त्र
3. नागरिक मन निर्माण का मानक
4. सार्वजनिक प्रमाणित सत्य-सिद्धान्त
5. गणराज्य का सत्य रूप

के लिए सर्वोच्च न्यायालय में अधिक से अधिक जनहित याचिका करने का आह्वान करता हूँ।

विचारकों को आह्वान

30 जून, 1999 को लखनऊ में राष्ट्रीय पुनर्निर्माण वाहिनी के शुभारम्भ में तत्कालीन प्रधानमंत्री श्री अटल बिहारी वाजपेयी स्वीकार किये कि अकेले राजशक्ति के सहारे समाजिक बदलाव सम्भव नहीं। इनके पहले लोकनायक जय प्रकाश नारायण भी ऐसा वक्तव्य दे चुके हैं फिर भी यदि शिक्षित, बेरोजगार, असहाय यदि राजशक्ति की सीमित आवश्यकताओं से समाज के असीमित आवश्यकताओं की पूर्ति का अन्धविश्वास रखती है तो इससे स्पष्टतया मूर्खता, अकर्मण्यता और स्वयं के बहुमूल्य समय को बेवजह उम्मीद में खोना ही कहेंगे। ज्ञान-कर्मज्ञान ऐसा विषय है जिसको आत्मसात् करने से प्रत्येक व्यक्ति के सामने अन्नत मार्ग बनते हैं जिस पर आदान-प्रदान की नयी योजना बनाकर एक तरफ स्वरोजगार से युक्त होता है, तो दूसरी तरफ रोजगार देकर राष्ट्र की सहायता करता है। और बस यही धर्म आधारित धार्मिक कर्म है।

सतयुग में एक विचित्र स्थिति उत्पन्न हो गयी, हुआ यह कि एक प्रतापी, धर्मपरायण, प्रजावत्सल, सेवाभावी, दानवीर, सौम्य, सरल यानी सर्वगुण सम्पन्न राजा हुआ-बलि। लोग इसके गुण गाने लगे और समाजवादी राज्यवादी होने लगे। राजा बलि का राज्य बहुत अधिक फैल गया। समाजवादियों के समक्ष यानी मानवजाति के समक्ष एक गम्भीर संकट पैदा हो गया कि अगर राज्य की अवधारणा दृढ़ हो गयी तो मनुष्य जाति को सदैव दुःख, दैन्य व दारिद्रय में रहना होगा क्योंकि अपवाद को छोड़कर राजा स्वार्थी होंगे, परमुखपेक्षी व पराश्रित होंगे। अर्थात अकर्मण्य व यथास्थितिवादी होंगे। यह भयंकर स्थिति होगी परन्तु समाजवादी असहाय थे। राजा बलि को मारना संभव न था और उसके रहते समाजवादी विचारधारा का बढ़ना सम्भव न था। ऐसी स्थिति में एक पुरूष की आत्मा अदृश्य प्राकृतिक चेतना द्वारा निर्मित परिस्थितियों में प्राथमिकता से वर्तमान में कार्य करना, में स्थापित हो गयी। वह राजा बलि से थोड़ी सी भूमि समाज या गणराज्य के लिए माँगा। चूँकि राजा सक्षम और निश्चिंत था कि थोड़ी भूमि में समाज या गणराजय स्थापित करने से हमारे राज्य पर कोई प्रभाव नहीं पड़ेगा। इसलिए उस पुरूष को राजा ने थोड़ी भूमि दे दी। जिस पर उस पुरूष ने स्वतन्त्र, सुखी, स्वराज आधारित समाज-गणराज्य स्थापित किया और उसका प्रभाव धीरे-धीरे बढ़ता गया और वह राजा बलि के सुराज्य को भी समाप्त कर दिया और समाज या गणराज्य की स्थापना की गयी। चूँकि यह पुरूष बौना अर्थात् छोटे कद का तथा स्वभाव और ज्ञान में ब्राह्मण गुणों से युक्त था इसलिए कालान्तर में इसे "समाज" शब्द का जन्मदाता बामन अवतार का नाम दिया गया। राजा बलि द्वारा इस अवतार को दी गई भूमि का क्षेत्र ही वर्तमान का उ0प्र0 के मीरजापुर जनपद का चुनार क्षेत्र है। जिस पर इस अवतार के कार्य का प्रथम चरण प्रारम्भ हुआ था जिसके कारण ही चुनार का प्रचीन नाम चरणाद्रिगढ़ था।

अवतारों का मुख्य कार्य सार्वभौम सत्य-सिद्धान्त की ओर समाज को मोड़ना होता है। जिसमें वे या तो प्राथमिकता से स्वयं कर्म करते है या प्राथमिकता से प्रेरक बनते है। भगवान श्री कृष्ण का अवतरण व्यक्तिगत प्रमाणित रूप से स्वयं कर्म करते एवं प्रेरणा देते हुये है वहीं लव कुश सिंह "विश्वमानव" का अवतरण सार्वजनिक प्रमाणित रूप से कर्म करते एवं प्रेरणा देते हुये है। भगवान कृष्ण अपने रूप के व्यक्ति का निर्माण नहीं कर पाये थे परिणामस्वरूप उनकी व्यवस्था उनके जीवन काल में ही नष्ट हो गयी। प्रत्येक व्यक्ति को कृष्ण रूप में निर्माण के

लिए ही लव कुश सिंह "विश्वमानव" का अवतरण हुआ है। आचार्य रजनीश "ओशो" ने भी कहा था समाज ने सबसे बड़ी गलती यह है कि कृष्ण जैसा एक भी व्यक्ति पुनः पैदा नहीं कर सका।

वर्तमान और भविष्य की ओर जाने वाला समय प्रत्येक व्यक्ति को अनेकों समस्याओं से घेर लेने की ओर है। एक तरफ साहित्यों के अम्बार का अध्ययन कर-कर के आत्मज्ञान प्राप्त करना मानव के लिए असम्भव होता जा रहा है तो दूसरी तरफ समाज में इतने साहित्य उत्पन्न कर दिये गये हैं कि व्यक्ति कहीं से शुरू होकर कहीं भी नहीं पहुँच पा रहा है। और जो जिसके साहित्य को पढ़ा उसी को सम्पूर्ण मान बैठ बुद्धिबद्ध बन गया। वर्तमान और भविष्य में पूर्ण ज्ञान, चेतना, दिव्य दृष्टि से युक्त ऐसे मानव समाज की आवश्यकता और उसकी सफलता सुनिश्चित है जो व्यक्ति से विश्व प्रबंध तक के विषयों को स्पष्ट रूप से समझ सके। तभी वह स्वस्थ समाज, लोकतंत्र, उद्योग सहित स्वयं को पूर्णता की ओर ले जाने में सक्षम होगा। इसके लिए आवश्यक है कि मूल बीज रूप सार्वभौम सत्य-सिद्धान्त का पूर्ण साहित्य व्यक्ति को उपलब्ध कराया जाय जिससे वह जड़ व अन्नत शाखा रूपी विषयों को अल्प समय में धारण कर सके। जो लव कुश सिंह "विश्वमानव" के अवतरण से सम्भव हो चुका है। ध्यान रहे सार्वभौम सत्य-सिद्धान्त से युक्त होकर लेखन और विचार व्यक्त करने से स्थापित और उच्चस्तरीय रूप प्राप्त होता है और व्यक्त साहित्य जीवन-साहित्य कहलाता है। जबकि विचार से युक्त होने से अस्थाई और निम्नस्तरीय रूप। मुझे आशा नहीं बल्कि पूर्ण विश्वास है कि अन्य रूचिकर साहित्यों की भाँति पूर्ण व्यावहारिक, आवश्यक, अपरिवर्तनीय, संग्रहणीय "विश्वशास्त्र" साहित्य का लाभ उठाने में आप सभी सफल होगें।

शिक्षण क्षेत्र से जुड़े आचार्यों को आह्वान

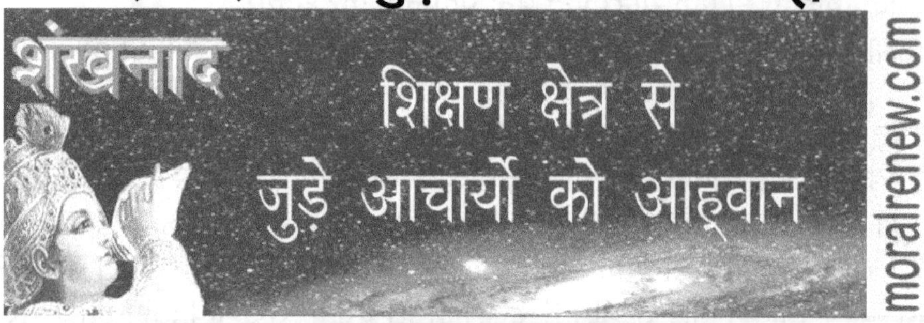

तेजी से बदलते विश्व और 21 वीं सदी की चुनौतियों के लिए स्वयं को उच्च मानसिक स्तर से जोड़ना अतिआवश्यक है तथा आने वाली पीढ़ी को भी उस अनुसार शीघ्रता से तैयार करना भी हमारा दायित्व है। वर्तमान समय में शिक्षा का उद्देश्य नौकरी न मिलने पर शिक्षा के प्रति अरूचि, अपराधिक प्रवृत्ति, दिग्भ्रमित युवा पीढ़ी इत्यादि का दोषी न तो शिक्षा, न ही शिक्षक बल्कि इसका दोषी वर्तमान अपूर्ण पश्चिमी संस्कृति अधारित मैकाले शिक्षा प्रणाली है जो जीवकोपार्जन का ज्ञान तो देती हैं। परन्तु जीवन निर्माण का ज्ञान नहीं देती अर्थात निर्भरता उत्पन्न करती है, न कि आत्मनिर्भरता। प्रश्न यह भी हो सकता है कि पहले जीवकोपार्जन आवश्यक है या जीवन निर्माण। तो उत्तर स्पष्ट है कि यदि पहले जीवन निर्माण पर प्रयत्न किया जाए तो जीवन भर जीवकोपार्जन की समस्या समाप्त हो जाती है लेकिन जीवन भर जीवकोपार्जन पर प्रयत्न किया जाए तो जीवन निर्माण छुट जाता साथ ही जीवकोपार्जन की तलाश भी जारी रहती है और एक समय व्यक्ति स्वयं उलझ जाता है क्योंकि इस रास्ते में कर्म, ज्ञान-कर्मज्ञान से मुक्त होकर होता है। वर्तमान पाठ्यक्रम से शिक्षित हर युवा को, हर कदम एक प्रबंधक या मार्गदर्शक की आवश्यकता पड़ती है। परन्तु हम सभी में से किसी एक की वश की बात नहीं कि इस शिक्षा पाठ्यक्रम को परिवर्तित कर दें। इसका एक मात्र अन्तिम रास्ता यह है कि न्यूनतम सम्पूर्ण ज्ञान-कर्मज्ञान जो विद्यार्थी को युवा काल के पाठ्यक्रम में उपलब्ध होना चाहिए वह उन्हें अलग से उपलब्ध कराया जाय और विद्यार्थी उन्हें अन्य मनोरंजक साहित्य की भाँति बार-बार पढ़ते और समझते रहे, जिससे उनके जीवन में कार्य कुशलता और सम्पूर्ण विषयों को समझने की सूक्ष्मता व समझ लायी जा सके। परिणामस्वरूप वे दृष्टि (एक दिशा/गुण द्वारा देखना) से निकल कर दिव्यदृष्टि (अनेक दिशा/गुण को एक साथ देखना) में स्थापित हो जायें।

वेद, वेदान्त, धर्मशास्त्र, आध्यात्म इत्यादि के सम्बंध में प्रायः यह आम धारणा बन चुकी है कि यह युवाओं का विषय नहीं है परन्तु यह जान लेना अतिआवश्यक है कि ज्ञान जितनी जल्दी ग्रहण कर लिया जाए वह उतना ही जीवन निर्माण के लिए उपयोगी होता है। इस प्रकार युवाओं के पास जीवन निर्माण के लिए लम्बा समय होता है। इस धारणा के उत्पन्न होने का कारण यह है कि ज्ञान से कर्मज्ञान के विकास क्रम में अभी तक कर्मज्ञान समाज में उपलब्ध नहीं था। कर्मज्ञान, कार्यकुशलता सिखाता है न कि वैराग। यह कर्मज्ञान पूर्णतः ज्ञान के व्यावहारिकता का 21वीं सदी व भविष्य के लिए कालानुसार रूपान्तरण है जिसके अभाव में ही संसाधन होते हुये भी शिक्षित बेरोजगार, रोजगार सृजन व रचनात्मक कार्य करने में असमर्थ हैं। अगर ऐसा न होता तो स्वामी विवेकानन्द द्वारा वेदान्त की व्यवहारिकता तथा आचार्य रजनीश "ओशो" द्वारा शिक्षा से क्रान्ति विषयों पर जोर क्यों होता? यदि एक क्षण के लिए यह मान भी लिया जाय कि इनके विचार असत्य है तो इनका क्या बिगड़ा ये तो इतिहास पुरूष बन गये। बिगड़ा तो उनका ही जो विचारों को नहीं माने।

"विश्वशास्त्र" वही पूर्ण शास्त्र-साहित्य है। इस शास्त्र-साहित्य को अपने विद्यालय परिवार में वितरण कराने के लिए विद्यालय परिवार में आप सूचित करें और विद्यार्थीयों को उसी भाँति आवश्यकता बता कर लेने को बाध्य करेंगे, जैसे कोई माता-पिता आवश्यक कड़वी दवा अपने सन्तान को उसके हित के लिए ही खाने को विवश करते हैं क्योंकि आप आचार्यगण से समाज इसी कार्य की उम्मीद रखता है। ऐसा उम्मीद हम भी आपसे करते हैं।

प्रबंध शिक्षा क्षेत्र को आह्वान

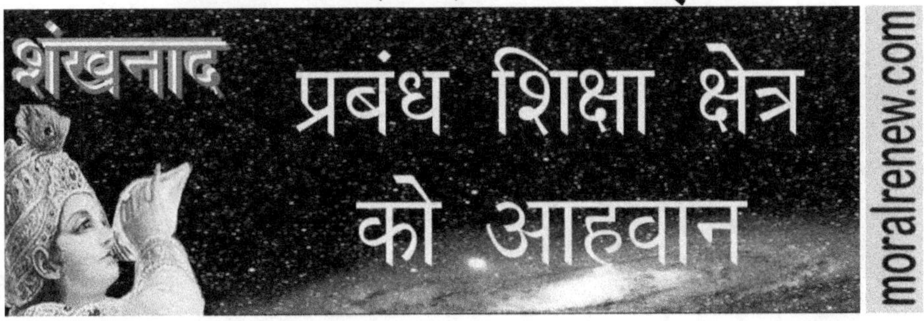

सिद्धान्तों का कालानुसार प्रयोग ध्यान और चेतना के अधीन होता है। इसलिए ही कहा जाता है कि ज्ञान का कालानुसार प्रयोग न करना ही अज्ञानता और ज्ञान की अप्रमाणिकता है। समस्त सफलतम प्रबन्धकीय क्षमता का आधार चेतना, ध्यान और दिव्य दृष्टि ही है। परन्तु समयानुसार न होने के कारण इन सभी आधारभूत विषयों का यर्थाथ स्वरूप व्यक्त नहीं था। वर्तमान समय में जबकि विश्व व ब्रह्माण्ड प्रबन्ध की ओर मानव गतिशील हो गया है तब ऐसे समय में इन आधारभूत विषयों के यथार्थ स्वरूप की आवश्यकता हो गई थी जिससे मानव विवाद मुक्त रूप से विश्व प्रबंध की दिशा को निश्चित कर सके। यही ज्ञान, प्रबंधकीय ज्ञान का सर्वोच्च स्परूप भी होगा।

विश्व प्रबन्ध के विवाद मुक्त स्वरूप को प्राप्त करने के लिए सार्वजनिक प्रमाणित मूल सार्वभौम सत्य-सिद्धान्त से ही समस्त विषयों के विवाद मुक्त स्परूप को प्राप्त किया जा सकता है। और इसी आधार पर ही सम्पूर्ण विषयों के यथार्थ को प्राप्त किया गया है। वर्तमान व्यवस्था के अनुसार आई.एस.ओ. 9000 श्रृंखला, उद्योगों की गुणवत्ता का अन्तर्राष्ट्रीय मानक श्रृंखला की भाँति मन (व्यक्तिगत और संयुक्त) की गुणवत्ता का विश्वमानक, विश्वमानक शून्य: मन (व्यक्तिगत और संयुक्त) की गुणवत्ता का विश्वमानक श्रृंखला के रूप में विकसित किया गया है। जिसकी उपयोगिता मूल रूप से अन्तर्राष्ट्रीय/विश्व स्तर का मानव संसाधन निर्माण तथा शाखा रूप से सम्पूर्ण विषय क्षेत्र की पूर्ण स्वस्थता से है। क्योंकि उन सभी का संचालन, उत्पादन और नियंत्रणकर्ता मानव ही है। जिसके फलस्वरूप ही स्वस्थ लोकतंत्र, समाज और स्वस्थ उद्योग सहित विश्वस्तरीय प्रबंध को प्राप्त किया जा सकता है। प्रबन्ध शिक्षा संस्थानों के प्रबंधकीय शिक्षा में विश्वमानक मन (व्यक्तिगत और संयुक्त) की गुणवत्ता का विश्वमानक की शिक्षा भी पाठ्यक्रम में शामिल होना चाहिए जिससे संस्थान विश्व स्तरीय प्रबंध शिक्षा प्रदान करने का श्रेय प्राप्त कर सके, ऐसा प्रबन्ध शिक्षा क्षेत्र से आह्वान है।

शिक्षा पाठ्यक्रम निर्माता को आह्वान

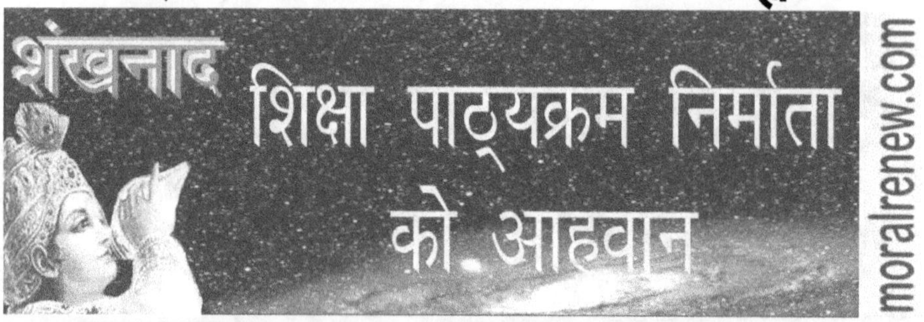

लम्बे समय से शिक्षा पाठ्यक्रम को पूर्ण शिक्षा पाठ्यक्रम मंे बदलने की आवश्कयता पर बल और आवश्यकता का अनुभव किया जा रहा है। जिसके लिए प्रयत्न भी किये जा रहे हैं। परन्तु इस कार्य में सबसे बड़ी समस्या जो रही है। वह है कि किस विवादमुक्त मूल सूत्र से पूर्ण शिक्षा स्वरूप को व्यक्त किया जाय? क्योंकि लोकतंत्र आधारित वर्तमान व्यवस्था में यदि मूल सूत्र विवादमुक्त नहीं हो तो निश्चित ही उससे व्यक्त पाठ्यक्रम भी विरोध का शिकार हो जायेगा। जैसा कि पिछले समय में शिक्षा पाठ्यक्रम को लेकर विवाद उभर कर सामने आया था।

इसी प्रकार प्रबन्धकीय ज्ञान का मूल आधार चेतना, कर्मज्ञान, दिव्य दृष्टि इत्यादि का भी यथार्थ स्वरूप व्यक्त न होने से कुशल प्रबन्धन और विश्व प्रबंध की दिशा में बाधा उत्पन्न हो रही है। जबकि शिक्षा, प्रबंध शिक्षा तथा विश्व प्रबंध की दिशा में पूर्णता के लिए मानव विवशतावश बढ़ चुका है। परिणामस्वरूप हमें निश्चित रूप से इस ओर सकारात्मक कदम उठाने पड़ेंगे।

विवादमुक्त पूर्ण शिक्षा पाठ्यक्रम, प्रबंधकीय ज्ञान का मूल आधार तथा विश्व प्रबंध के क्षेत्रों में मूल आवश्यकता के विषय मूल सूत्र चेतना, कर्मज्ञान, दिव्यदृष्टि और विश्व प्रबंध के सभी मूल सूत्र आविष्कृत कर लिए गये हैं। प्रकृति जब भी मानव समाज की एकात्मकता के लिए जो भी ज्ञान आवश्यक समझती है उसे समयानुसार उपलब्ध करा देती है। वर्तमान समय में भी जिस ज्ञान की आवश्यकता प्रत्येक क्षेत्रों में समझी जा रही थी, वह सब अब उपलब्ध हो चुका है। अतः सामाजिक विकास, विश्व एकता, शान्ति, विकास, सुरक्षा और पूर्ण मानव निर्माण के लिए पाठ्यक्रम को पूर्ण पाठ्यक्रम तथा प्रबंध शिक्षा को अन्तर्राष्ट्रीय स्तर का बनाने के लिए कार्य प्रारम्भ करने का सकारात्मक कदम उठाने का आह्वान किया जाता है।

पत्रकारिता को आह्वान

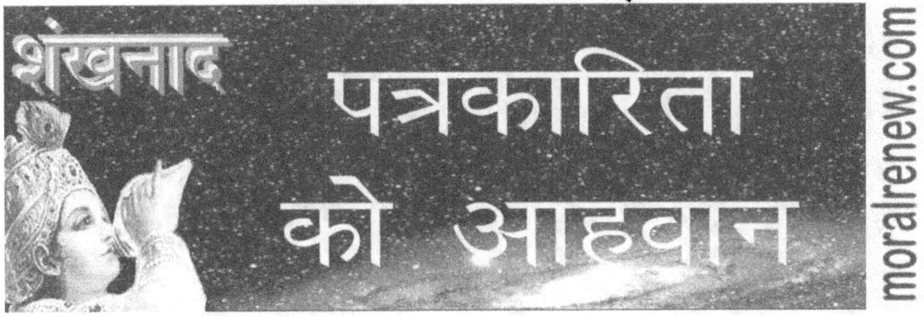

21वीं सदी और भविष्य में स्वस्थ लोकतंत्र की प्राप्ति का उसके चारो स्तम्भ विधायिका, कार्यपालिका, न्यायपालिका और पत्रकारिता में सिर्फ पत्रकारिता ही एक मात्र और अन्तिम उम्मीद है। इस प्रकार यह भी कहा जा सकता है कि अब स्वस्थ लोकतंत्र की प्राप्ति न हो पाने का कारण मात्र पत्रकारिता ही है। पत्रकारिता को अपने वर्तमान शैली कर्म हो जाने पर उसको समाज के समक्ष रखना सहित एक नई शैली अपनानी पड़ेगी जिससे दिशाहीन कदम उठे ही नहीं। वह है- भविष्य की आवश्यकता का पूर्ण विकसित सार्वभौम सत्य-सैद्धान्तिक रचनात्मक दिशा को समाज के समक्ष रखना जिस पर विवशतावश कार्य हो सके तथा लोकतंत्र स्वस्थता की दिशा की ओर बढ़ जाये। ऐसा नहीं कि यह शैली पत्रकारिता ने प्रारम्भ नहीं की है, की है परन्तु वह उस पूर्ण विकसित सार्वभौम सत्य-सैद्धान्तिक रचनात्मक दिशा का निम्नतम बीज रूप सिर्फ रचनात्मक दिशा को ही व्यक्त करता है। जो सार्वभौम सत्य-सिद्धान्त से अभी मुक्त है।

विचार और विचार आधारित रचनात्मक दिशा के संसार में वे ही विचार और दिशा शेष बचते है जो सार्वभौम सत्य-सिद्धान्त की दिशा की ओर होते हैं। यह या तो समायान्तराल बाद स्पष्ट होता है या विश्वव्यापी विवादमुक्त सार्वभौम सत्य-सिद्धान्त के प्रस्तुतीकरण के बाद। विचार और विचार आधारित रचनात्मक दिशा में जिन्हें सार्वभौम सत्य-सिद्धान्त का आधार प्राप्त होता है वे ही सत्य-सैद्धान्तिक रचनात्मक दिशा में होते हैं तथा शेष सभी विचार आधारित रचनात्मक दिशा में होते है। जो एक समयान्तराल बाद विरोध के शिकार, पुनः विचारणीय या महत्वहीन हो जाते है।

लेखकों के सम्बध में भी यही बात है, जो जितना सार्वभौम सत्य-सिद्धान्त के ज्ञान के करीब होता है। वह उतना ही उच्चस्तरीय लेखक बन जाता है। अन्यथा उसके लेख समयान्तराल बाद महत्वहीन हो जाते है। अक्षर, शब्द, कागज इत्यादि तो सबके लिए समान रूप से उपलब्ध है परन्तु सार्वभौम सत्य-सिद्धान्त का ज्ञान ही उन्हें निम्न से उच्च स्तरीय लेखकों के रूप में व्यक्त और स्थापित करता है।

समयानुसार न होने के कारण ही अब तक सार्वभौम सत्य-सिद्धान्त मानव समाज को उपलब्ध नहीं था परिणामस्वरूप विचार और सत्य विचार में विवाद उत्पन्न हो रहे थे परन्तु अब सार्वभौम सत्य-सिद्धान्त उपलब्ध हो चुका है। स्वस्थ लोकतंत्र की प्राप्ति तो तभी हो सकती है जब प्रत्येक मतदाता निम्न से उच्च स्तरीय विचार को पूर्ण रूप से समझ सकने में सक्षम हो और तभी स्वस्थ समाज की भी प्राप्ति हो सकती है। "विश्वशास्त्र" साहित्य सहित उसके अनेक विषय समाचार का ही विषय है जिसे पत्रकारिता को अपने "फर्स्ट स्टेट" का दर्जा प्राप्त करने के लिए निस्वार्थ भाव से उठाना चाहिए ऐसी पत्रकारिता से आशा की जा सकती है।

मानकीकरण संगठन और औद्योगिक जगत को आह्वान

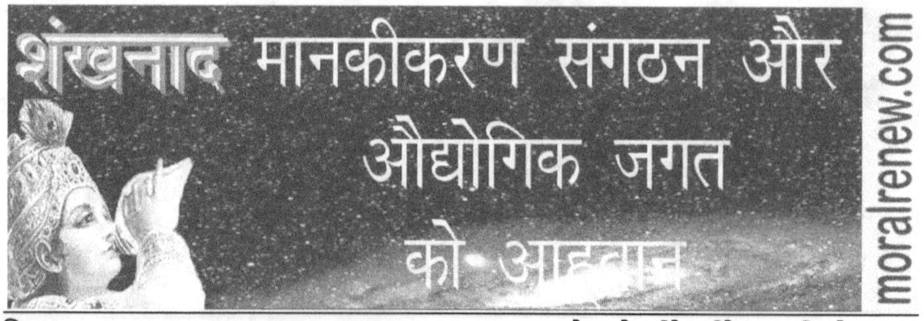

मानव प्राकृतिक आदान-प्रदान का ज्ञान प्राप्त कर, धारण करते हुये धीरे-धीरे प्रकृति के पद पर स्वयं बैठने की ओर है। स्वयं प्रकृति, विश्व स्तर का मन धारण कर ही क्रियाकलाप करते हुये अपने उत्पादों को विश्व गुणवत्ता युक्त निर्माण कर रही है। मानव इस क्रम में अपने क्रियाकलापों को विश्व गुणवत्ता युक्त करने की ओर है। जिसमे स्वयं मानव द्वारा उत्पादित उत्पादों की गुणवत्ता (भारतीय मानक और अन्तर्राष्ट्रीय मानक की श्रृंखलाएँ), गुणवत्ता का मानक (भारतीय मानक तथा अन्तर्राष्ट्रीय मानक आई.एस.ओ.-9000 श्रृंखला) तथा पर्यावरण की गुणवत्ता (अन्तर्राष्ट्रीय मानक आई.एस.ओ.-14000 श्रृंखला) द्वारा मानकीकरण कर चुका है। परन्तु अभी प्रकृति की भाँति स्वयं मानव अन्तर्राष्ट्रीय/विश्व गुणवत्ता युक्त नहीं हो सका है। मानव संसाधन को अन्तर्राष्ट्रीय/विश्व गुणवत्ता युक्त होने के लिए ही विश्वमानक शून्य: मन की गुणवत्ता का विश्वमानक श्रृंखला को आविष्कृत किया गया है। सार्वभौम सत्य-सिद्धान्त जिससे सम्पूर्ण ब्रह्माण्ड संचालित है इस पर आधारित व्यवस्था ही सत्य आधारित कही जाती है। जब तक इस पर आधारित व्यवस्था नहीं होती तब तक हम किसी भी व्यवस्था को सत्य आधारित नहीं कह सकते। विश्वमानक शून्य: मन की गुणवत्ता का विश्वमानक श्रृंखला से औद्योगिक क्षेत्र को यह लाभ है कि वे अपने मानव संसाधन को विश्व स्तर का कर सकने में सक्षम होंगे जिससे उन्हें अपने मानव संसाधन में सूक्ष्म दृष्टि उत्पन्न करने में सफलता प्राप्त होगी। परिणामस्वरूप प्रबन्धकीय, सुरक्षा, गुणवत्ता, विश्लेषण, योजना और क्रियान्वयन इत्यादि गुण सामान्य रूप से स्वप्रेरित हो स्वतः ही मानव संसाधन में उत्पन्न हो जायेंगे चूंकि विश्वमानक शून्य: मन की गुणवत्ता का विश्वमानक श्रृंखला में कर्मज्ञान और प्रबंध का अन्तर्राष्ट्रीय/विश्व मानक भी समाहित है इसलिए क्रमशः उत्पादों का विवशतावश नहीं बल्कि स्वेच्छा से उपयोगिता सहित माँग आदान-प्रदान बढ़ने से सतत बढ़ता रहेगा। अन्तर्राष्ट्रीय/विश्व स्तर के प्रबंध से उद्योगों की सफलता तथा समाज निर्माण का श्रेय भी प्राप्त होता रहेगा। जो औद्योगिक जगत के दूरगामी प्रभावों का हल भी है।

चूंकि मानव समाज वैश्वीकरण की ओर आवश्यकता व विवशतावश बढ़ चुका है। इसलिए मानव संसाधन का अन्तर्राष्ट्रीय/विश्व मानकीकरण विश्व शान्ति, एकता, स्थिरता, विकास, सुरक्षा इत्यादि की दृष्टि से विश्व संगठनों, संयुक्त राष्ट्र संघ इत्यादि के लिए अतिआवश्यक भी है। वहीं औद्योगिक जगत वैश्विक समाज निर्माण में पूर्ण भागीदारी के कार्य से औद्योगिक जगत को इसका श्रेय भी प्राप्त होगा। इस प्रकार आई.एस.ओ.-9000 श्रृंखला तथा आई.एस.ओ. 14000 श्रृंखला की भाँति विश्वमानक शून्य: मन की गुणवत्ता का विश्वमानक श्रृंखला का अन्तर्राष्ट्रीय/विश्व स्तर पर सार्वाधिक महत्व है।

विश्व व्यापार संगठन के गठन के उपरान्त मानकीकरण की महत्ता जिस प्रकार बढ़ी है उसके अनुसार मानकीकरण का भविष्य ही समाज को भी नियंत्रित करने की ओर है। इसके कारण अन्तर्राष्ट्रीय मानक के अनुरूप भारतीय मानक के अनुसार अन्तर्राष्ट्रीय मानक का विकसित होना अतिआवश्यक है। परिणामस्वरूप मानव संसाधन के वैश्विकरण के लिए भारतीय मानक में भारत-शून्य श्रृंखला तथा अन्तर्राष्ट्रीय/विश्व मानक में विश्वमानक-शून्य श्रृंखला को स्थापित करने के लिए प्रक्रिया प्रारम्भ करने के लिए भारतीय मानक ब्यूरो व अन्तर्राष्ट्रीय मानकीकरण संगठन सहित राष्ट्रों के सरकार को आह्वान करता हूँ।

औद्योगिक जगत को यह आह्वान है कि वे विश्वमानक शून्य श्रृंखला की स्थापना के लिए भारतीय मानक ब्यूरो द्वारा प्रयत्न करे, जिससे सर्वप्रथम स्वयं सत्य आधारित होने का श्रेय प्राप्त करते हुये सम्पूर्ण औद्योगिक जगत के सत्यीकरण करने का श्रेय भी प्राप्त कर सकें।

फिल्म निर्माण उद्योग को आह्वान

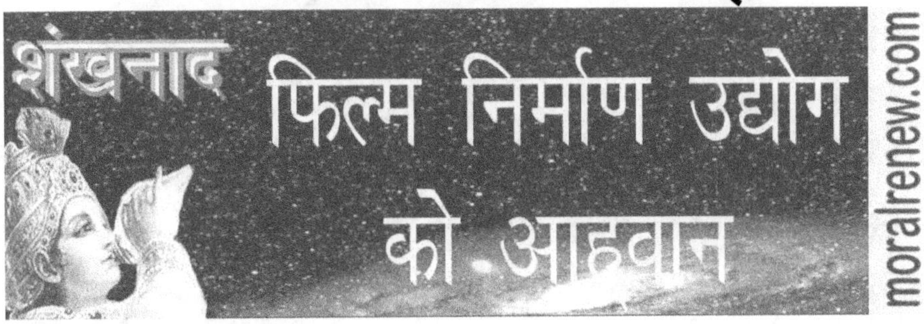

विजुअल-आडियो मीडिया (दृश्य-श्रव्य माध्यम) का आविष्कार मनुष्य जीवन के लिए सर्वप्रथम आश्चर्य का विषय था जो आगे चलकर मनोरंजन का मुख्य माध्यम बना और अब साहित्य की भाँति आडियो-विजुअल मीडिया भी समाज का दर्पण ही है। इस आडियो-विजुअल मीडिया में फिल्म, दूरदर्शन तथा वर्तमान में इन्टरनेट भी शामिल हो गया है। परिणामस्वरूप फिल्म से समाज का निर्माण और समाज से फिल्म का निर्माण का रूप उभर कर सामने आया है। यह बात कि फिल्म समाज को क्या दिखाना चाहता है? तथा समाज फिल्म से क्या देखना चाहता है? यह बात फिल्म और समाज दोनों ओर से सदा उठती रही है। निश्चय ही इसमें मन का व्यापक न होना ही विवाद का मुख्य कारण रहा है। ऐसा न होने से ही अपनी अपनी दृष्टि से देखते हुये ही विचार व्यक्त किये जाते है ।

मनोरंजन की दिशा से बढ़ते हुये फिल्म अब उद्योग का स्तर प्राप्त कर चुका है। तब निश्चित रूप से वह गुणवत्ता के प्रमाण पत्रों की ओर भी बढ़ेगा। जिस प्रकार अन्य उद्योगों के लिए अन्तर्राष्ट्रीय गुणवत्ता का प्रमाणपत्र आई.एस.ओ.-9000 श्रृंखला है, उसी प्रकार समाज को साथ लेते हुये मानव की गुणवत्ता का विश्वमानक शून्य: मन की गुणवत्ता का विश्वमानक श्रृंखला है। जिस प्रकार फिल्म के बीमाकरण का प्रारम्भ उसके भविष्य के लिए शुभ संकेत है, उसी प्रकार उपरोक्त मानक प्रमाणपत्रों द्वारा प्रमाणीकरण भी उसके लिए शुभ संकेत ही होगा। विश्वमानक शून्य: मन की गुणवत्ता का विश्वमानक श्रृंखला प्रमाणीकरण से फिल्म समाज के मन को व्यापक अर्थात अन्तर्राष्ट्रीय/विश्व स्तर का करता रहेगा। जिससे उसे समाज का पूर्ण समर्थन प्राप्त होगा। साथ ही फिल्मों का स्तर भी तेजी से अन्तर्राष्ट्रीय/विश्व स्तर का होने लगेगा।

फिल्म जगत से व्यक्त वही कहानी, गीत, संगीत, निर्देशन, अभिनय समाज द्वारा जाने पहचाने और याद रखे जाते है। जो आत्मा को स्पर्श करती है। चूंकि यह आत्मा सर्वव्यापी है इसलिए इसका अधिकतम स्पर्श अधिकतम भीड़ को प्रभावित करती है। जिस प्रकार यह जितना सत्य है उसी प्रकार यह भी सत्य है कि जो व्यक्ति स्वयं आत्मा स्वरूप हो तो वह निश्चय ही आत्मीय कहानी, गीत, संगीत, निर्देशन अभिनय का सर्वोच्च पारखी व चुनने वाला भी होगा। सर्वोच्चता वहीं है जो सब में व्याप्त हो जाये, कहानियाँ वहीं हैं, जो सबसे लम्बी यात्रा पूर्ण किया हो तथा पाया उसी ने है जो पहले पहचाना है।

धर्म क्षेत्र को आह्वान

पूर्ण व्यक्त चेतना के साकार सगुण दृश्य रूप श्री लव कुश सिंह "विश्वमानव" के अन्तिम समन्वयाचार्य, स्वामी विवेकानन्द की अगली और पूर्ण ब्रह्म की अन्तिम कड़ी, पूर्ण दृश्य विश्वात्मा, भगवान विष्णु के दसवें और अन्तिम कल्कि तथा भगवान शंकर के बाइसवें और अन्तिम भोगेश्वर अवतार के संयुक्त पूर्णावतार के रूप में दृश्य सत्य चेतना द्वारा व्यक्त होने के पूर्व तपोभूमि भारत में धर्म की अवनति का कारण तथा उत्थान का मार्ग प्रशस्त करने के लिए समाधिस्थ अवस्था में भ्रमण और पत्राचार करते हुये वे जो कारण पाये वे इस प्रकार है।

1. मानव मन का दृश्य बाह्य विषयों पर केन्द्रित हो जाने के बावजूद दृश्य की ओर से धर्म ज्ञान की ओर कालानुसार और वर्तमान लोकतांत्रिक व्यवस्था के वैधानिक प्रक्रिया के अनुसार ज्ञान का रूपान्तरण न होना तथा।

2. सुरी या दैवी प्रवृत्तियों के एक साथ न होने के कारण असुरी प्रवृत्तियों का विकास, कारण असुरी प्रवृत्तिया कर्म पूर्व एकता में होती है तथा कर्म उपरान्त विभाजित होती है। जबकि सुरी प्रवृत्तियाँ कर्म पूर्व ही विभाजित हो जाती है। क्योंकि इनके साथ ज्ञान होने से परिणाम का ज्ञान भी साथ होता है। यह जानते हुये कि समस्त कर्म उसी विश्वात्मा को समर्पित है तथा अन्ततः वही उसका भोग करता है। भ्रमवश सर्वज्ञ और सर्वोच्चता के अहंकार के कारण उनकी शारीरिक, आर्थिक, मानसिक सहयोग के सहित स्वयं उनके साथ भी एकता स्थापित नहीं करते जिनके कारण वे सर्वज्ञ और सर्वोच्चता को सार्वजनिक प्रमाणित कर सकते है।

उपरोक्त कारणो का नाश करने और विश्वव्यापी धर्म स्थापना के लिए जिन मार्गो को प्रशस्त किया गया है। वे है-

1. धर्मज्ञान का कालानुसार और वर्तमान लोकतांत्रिक व्यवस्था के वैधानिक प्रक्रिया के अनुसार रूपान्तरण का धर्मयुक्त शास्त्र-साहित्य कर्मवेदः प्रथम अन्तिम तथा पंचम वेद तथा धर्मनिरपेक्ष और सर्वधर्मसमभाव शास्त्र-साहित्य के रूप में विश्वमानक शून्य श्रृंखला: मन की गुणवत्ता का विश्वमानक अर्थात ज्ञान और कर्मज्ञान आधारित समन्वयीकृत सार्वभौम सत्य-सिद्धान्त समाहित "विश्वशास्त्र" साहित्य।

2. पूर्ण व्यक्त चेतना अर्थात दृश्य सत्य चेतना अर्थात भूतकाल का अनुभव और भविष्य की आवश्यकतानुसार प्राथमिकता के साथ वर्तमान में कार्य करते हुये अपने उद्देश्य को कार्य प्रारम्भ पूर्व सार्वजनिक रूप से ऐसे समय में व्यक्त करना, जब उद्देश्य प्राप्ति में कोई संदेह न हो, द्वारा प्रत्येक विषय के सुरी व असुरी प्रवृत्तियों के अहंकार पर ऐसा आघात करना कि उनका मानसिक वध होकर सुरी और असुरी प्रवृत्तियां स्पष्ट रूप से व्यक्त हो आमने-सामने हो जायें ।

"विश्वशास्त्र" साहित्य दृश्य चेतना युक्त ऐसा अभेद, अपरिवर्तनीय, सार्वकालिक, सार्वदेशीय, अन्तिम और पूर्ण शास्त्र-साहित्य है। जो कर्म प्रारम्भ पूर्व सार्वजनिक रूप से ऐसे समय में व्यक्त किया जा चुका है। जिसका समर्थन सुरी प्रवृत्ति, विरोध असुरी प्रवृत्ति तथा निष्क्रीयता अस्तित्व सामाप्ति के वर्गो में विभाजित कर रहा है।

अतः आप धार्मिक संगठन, संस्था इत्यादि का आह्वान है कि अपने अस्तित्व तथा विश्वव्यापी धर्म स्थापना के लिए शास्त्र-साहित्य का वितरण अपने माध्यम से सतत करते हुये कर्मशील रहें क्योंकि समाज आपसे यही उम्मीद कर रहा है। ध्यान रहे ज्ञानियों के लिए एक वाक्य ही चेतना प्रदान कर देता है। मूर्खों के लिए साहित्य का अनन्त भण्डार भी कम है।

राजनीतिक दलों को आह्वान

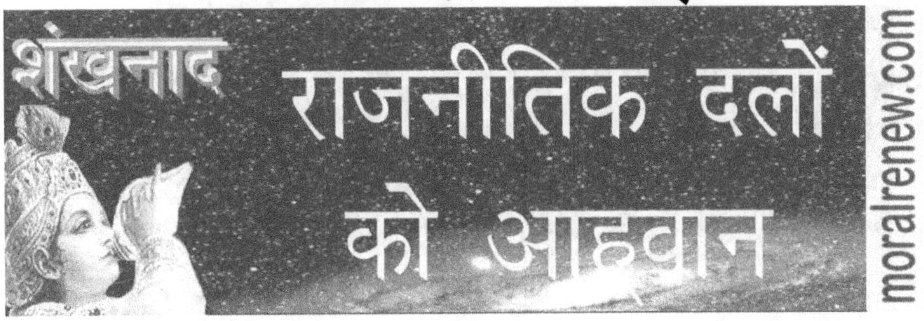

भारत के स्वतन्त्रता से अब तक भारत ने अनेकों उतार चढ़ाव को अपनी चेतना से सम्भालते हुये विश्व के सबसे बड़े लोकतन्त्र की परम्परा को यथावत् तथा सामयिक आवश्यकताओं के अनुसार विकास कार्यो को संचालित करते हुये प्रत्येक क्षेत्र में अपनी एक मिसाल कायम की है। जो वर्तमान तक के महापुरूषों, वैज्ञानि कों, राजनेताओं तथा सहनशील जनता के सम्मिलित योगदान से ही सम्भव हुआ है। निश्चय ही वे इस श्रेय के पात्र है। परन्तु इसी बीच हमने यह भी दौर देखा कि एक दलीय सरकार से बहुदलीय सरकार हो गयी है। यह कोई विशेष दुर्भाग्य पूर्ण घटना नहीं बल्कि लोकतन्त्र से स्वस्थ लोकतन्त्र तक के विकास क्रम का ही एक चरण है। पहले लोकतन्त्र व्यक्तिगत मन का संयुक्त रूप था। अब संयुक्त मनों (दलों) का संयुक्त रूप है। और इसके उपरान्त सयुक्त मनों के सिद्धान्त सार्वभौम सत्य-सिद्धान्त की आवश्यकता है जो लोकतन्त्र की पूर्ण स्वस्थता के लिए आवश्यक और अन्तिम चरण है।

यह निश्चित रूप से कहा जा सकता है कि लोकतन्त्र का वर्तमान दौर एक ऐसे दौर से गुजर रहा है। जहाँ जनता की भावना इस लोकतन्त्र व्यवस्था से उबने की ओर है। वहीं संविधान के प्रति समर्पित लोकतन्त्र को यथावत रखने के लिए विवशता भी है। सभी राजनीतिक दलों को लोकतन्त्र की स्वस्थता के लिए प्रयत्न और ऐसे सिद्धान्त का पूर्ण समर्थन करना चाहिए जो लोकतन्त्र की पूर्ण स्वस्थता के लिए सकारात्मक कदम हो क्योंकि लोकतन्त्र व्यवस्था रहेगी तभी दलों का अस्तित्व रहेगा। सांसद और विधायक रहेंगे। इससे पहले कि लोकतन्त्र व्यवस्था के विरूद्ध जनता की आवाज उठे, हमें उसके स्वस्थता के लिए प्रयत्न करना चाहिए।

लोकतन्त्र के इस दौर में हमने यह भी देखा कि व्यक्तिवाद के आधार और उसकी शक्ति का प्रयोग कर दल विभाजित हुये तथा उसी पुरानी शैली भूतकाल के महापुरूषों के नाम, विचार को मुख्य बिन्दु, भ्रष्टाचार मिटाने, रोजगार दिलाने इत्यादि का नारा देकर सिर्फ व्यक्तिगत प्रभाव का ही प्रयोग कर जनता को धर्म संकट में डालने का कार्य हुआ। और परिणाम शून्य मिला। "बहुजन हिताय बहुजन सुखाय", "एकात्म मानवतावाद", "वसुधैव कुटुम्बकम", "विश्व बन्धुत्व", "भूमण्डलीकरण", "धर्म निरपेक्ष", "सर्वधर्मसम्भाव" शब्दों को सिर्फ कह देने से ही उसके अर्थ की स्थापना नहीं हो जाती वरन् इन सभी की स्थापना का पूर्ण व्यावहारिक सिद्धान्त होता है। जिसे बिना प्रस्तुत किये सभी दलों में कोई भेद नहीं, न ही वे समाज का वास्तविक हित ही कर सकता है। अर्थात वे सभी एक ही स्तर के हैं जो लोकतन्त्र के सिर्फ तन्त्र है लोक नहीं। "लोक" अर्थात "जन" अर्थात "समाज" का तन्त्र जो सार्वभौम सत्य-सिद्धान्त अर्थात वर्तमान व्यवस्था प्रणाली के अनुसार विश्वमानक शून्य - मन की गुणवत्ता का विश्वमानक श्रृंखला है जिसे राष्ट्रीय शास्त्र या जन ऐजेण्डा या धर्मनिरपेक्ष धर्मशास्त्र या लोकतन्त्र धर्मशास्त्र-साहित्य "विश्वशास्त्र" के रूप में प्रस्तुत किया जा चुका है। 21 वीं सदी और सहस्त्राब्दि के लिए विश्व का माडल प्रस्तुत कर देने के बाद "शब्दों" से कल्याण कर देने का तथा सिर्फ सदस्यता बनाकर राजनीति करने की शैली पुरानी पड़ चुकी है। क्योंकि अब "सिद्धान्त और रचनात्मक कार्यो" से जोड़कर राजनीति करने की सत्य शैली प्रारम्भ हो चुकी है। ध्यान रहे कि समय का मोड़ वहाँ पहुँच चुका है, जहाँ समाज और राष्ट्र के हित का रचनात्मक दर्शन प्रस्तुत करना और शब्दों के अलावा वास्तविक विकास कार्य करना राजनीतिक दलों की विवशता है।

सरकार / शासन को आह्वान

21वीं सदी और भविष्य का समय अपने विराट समस्याओं को लेकर कह रहा है-"आओ विश्व के मानवों आओ, मेरी चुनौति को स्वीकार करो या तो तुम समस्याओं, संकीर्ण विचारधाराओं, अव्यवस्थाओं, अहंकारो से ग्रसित हो आपस में युद्ध कर अपने ही विकास का नाश कर पुनः विकास के लिए संघर्ष करो या तो तुम सभी समस्याओं का हल प्रस्तुत कर मुझे परास्त करो।" ऐसे चुनौतिपूर्ण समय में विश्व के अन्य देशों के समक्ष कोई चिन्ता का विषय हो या न हो शान्तिदूत अहिंसक तपोभूमि भारत के समक्ष चिन्ता का विषय अवश्य है और सिर्फ वही ऐसी चुनौति को स्वीकार करने में सक्षम भी है। यह इसलिए नहीं कि उसके अन्दर विश्व नेतृत्व, विश्व शान्ति और विश्व शासक बनने की प्रबल इच्छा है। परन्तु इसलिए कि विश्व प्रेम, जीव ही शिव, शिव ही जीव उसका मुख्य आधार है। जिस पर आधारित होकर वह ब्रह्माण्डीय रक्षा, विकास, सन्तुलन, स्थिरता, एकता के लिए अहिंसक और शान्ति मार्ग से कत्र्तव्य करते हुये अन्य अपने भाइयों और बहनों के अधिकारों के लिए प्रेम भाव से सेवा और कल्याण करता रहा है।

भारत का वर्तमान और भविष्य का मूल आन्तरिक संकट-कानून, संविधान, राजनैतिक प्रणाली का संकट, अर्थव्यवस्था का संकट, नागरिक समाज का संकट, राष्ट्रीय सुरक्षा का संकट तथा मूल बाह्य संकट- पहचान और विचारधारा का संकट तथा विदेशनीति का संकट है जो देखने में तो आम जनता से जुड़ा हुआ नहीं लगता परन्तु यह संकट आम जनता के ऊपर पूर्ण रूप से प्रभावी है। आम जनता मूलतः दो विचारों से संचालित है। एक-जो उसके जीवन से सीधे प्रत्यक्ष रूप से जुड़ा देश-काल बद्ध ज्ञान है। जैसे- व्यक्तिगत शारीरिक, आर्थिक, मानसिक आधारित चिकित्सीय, तकनीकी, विज्ञान, व्यापार, विचार एवम् साहित्य आधारित होकर स्वयं का अपना प्रत्यक्ष जीवकोपार्जन करना। दूसरा-जो उसके जीवन से अप्रत्यक्ष रूप से जुड़ा है जैसे- सार्वजनिक या संयुक्त, शारीरिक, आर्थिक, मानसिक आधारित चिकित्सीय, तकनीकी, ज्ञान, व्यापार, विचार एवम् साहित्य आधारित होकर स्वयं का अपना सहित परिवार, देश, समाज, विश्व का जीवकोपार्जन करता है। ये ही परिवार, समाज, देश, विश्व की नीतियाँ है। पहले के बहुमत के कारण व्यक्ति व्यक्तिगत अर्थात भौतिकवाद में स्थित होकर परिवार, समाज, देश, विश्व पर आधारित विचारों, व्यवस्थाओं और नीतियों की अवनति करता हैं परिणामस्वरूप उपरोक्त संकट सहित स्वयं अपने देश, विश्व के प्रति भक्तिभाव समाप्त कर देता है जबकि दूसरे के बहुमत के कारण स्वयं अपने का जीवकोपार्जन सहित जीवन और संयुक्त जीवन दोनों को व्यवस्थित करता है।

भारत के इस आन्तरिक और बाह्य संकट का अन्तिम स्थापना स्तर तक का हल ही अहिंसक, सुरक्षित, एक, स्थिर, विकास, शान्ति और सत्य चेतना युक्त विश्व के निर्माण के लिए विवादमुक्त, दृश्य, सर्वमान्य, सार्वजनिक प्रमाणित विश्वमानक शून्य श्रृंखला: मन की गुणवत्ता का विश्वमानक श्रृंखला सर्वोच्च और अन्तिम आविष्कार है। जो सम्पूर्ण एकता के साथ वर्तमान लोकतन्त्र का धर्म और धर्मनिरपेक्ष या सर्वधर्मसमभाव आधारित है जो पूर्ण मानव स्वस्थ समाज, स्वस्थ लोकतन्त्र, स्वस्थ उद्योग तथा स्वस्थ अर्थव्यवस्था की प्राप्ति का अन्तिम रास्ता हैं

भारत सरकार को इस श्रृंखला की स्थापना के लिए आह्वान करता हूँ कि अपने संस्थान भारतीय मानक ब्यूरो के माध्यम से समकक्ष श्रृंखला स्थापित कर विश्वव्यापी स्थापना के लिए अन्तर्राष्ट्रीय मानकीकरण संगठन के समक्ष प्रस्तुत करे। साथ ही संयुक्त राष्ट्र संघ में भी प्रस्तुत कर संयुक्त राष्ट्र संघ के पुनर्गठन व पूर्ण लोकतंत्र की प्राप्ति के लिए मार्ग दिखाये। जिसकी इच्छा आप नेतृत्वकर्ताओं से सदैव व्यक्त होती रही है।

संसद को आह्वान

विश्व के सबसे बड़े लोकतन्त्र के संसद को मैं याद दिलाना चाहता हूँ कि अगस्त, 1997 में संसद ने **"द्वितीय स्वतन्त्रता संग्राम शुरू करने का संसद में सर्वसम्मति से आह्वान"** (दैनिक जागरण, वाराणसी, दि0 31-8-97) किया था। लोकतन्त्र की मर्यादा और विश्व के समक्ष अपनी सवश्रेष्ठता सहित उसकी स्वस्थता व पूर्णता के लिए मैं संसद के समक्ष उसके निर्णय के अनुरूप कुछ लक्ष्य रख कर आह्वान करता हूँ कि संसद नागरिक, देश व विश्व के लिए उसे पूर्ण कर अपने कर्तव्य को निभायें।

1. जिस प्रकार भारत में एक राष्ट्रीय ध्वज (तिरंगा), एक राष्ट्रीय पक्षी (भारतीय मोर), एक राष्ट्रीय पुष्प (कमल), एक राष्ट्रीय पेड़ (भारतीय बरगद), एक राष्ट्रीय गान (जन गण मन), एक राष्ट्रीय नदी (गंगा), एक राष्ट्रीय प्रतीक (सारनाथ स्थित अशोक स्तम्भ का सिंह), एक राष्ट्रीय पंचांग (शक संवत पर आधारित), एक राष्ट्रीय पशु (बाघ), एक राष्ट्रीय गीत (वन्दे मातरम्), एक राष्ट्रीय फल (आम), एक राष्ट्रीय खेल (हाकी), एक राष्ट्रीय मुद्रा चिन्ह, एक संविधान है उसी प्रकार एक राष्ट्रीय शास्त्र भी भारत को आवश्यकता है। जिससे नागरिक अपने व्यक्तिगत धर्म शास्त्र को मानते हुये भी राष्ट्रधर्म को भी जान सके। जो लोकतन्त्र का धर्मनिरपेक्ष-सर्वधर्मसमभाव शास्त्र भी होगा।
2. पिछले 65 वर्षो से अकेले रह रहे हमारे राष्ट्रपिता महात्मा गाँधी को एक राष्ट्रपुत्र भी चाहिए जिसके स्वामी विवेकानन्द पूर्णतः योग्य हैं। जिससे नागरिक उनके धर्मनिरपेक्ष-सर्वधर्मसमभाव विचार व जीवन से प्रेरणा प्राप्त कर सके।
3. "शिक्षा के अधिकार अधिनियम" के बाद अब "पूर्ण शिक्षा का अधिकार अधिनियम" बनना चाहिए। पूर्ण शिक्षा पाठ्यक्रम बनने से पूर्ण मानव का निर्माण प्रारम्भ होगा फलस्वरूप देश सहित विश्व के विकास और उसके प्रति समर्पित नागरिक प्राप्त होने लगेंगे जो कत्र्तव्य आधारित नागरिक होंगे।
4. यह प्रश्न उठाना चाहिए कि देश, व्यक्ति व संस्था किस प्रकार के नागरिक का निर्माण करना चाहते हैं और उसका मानक क्या हैं? यह सभी संस्थानों से पूछा जाना चाहिए।
5. यह प्रश्न उठाना चाहिए कि ऐसा कौन सा सार्वजनिक प्रमाणित सत्य-सिद्धान्त है जो पूर्णतया विवादमुक्त है जिससे सभी तन्त्रों को विवादमुक्त कर उसका सत्यीकरण किया जा सके।
6. यह प्रश्न उठना चाहिए कि गणराज्य का सत्य रूप क्या है? जिससे हम सबसे बड़े लोकतन्त्र को पूर्णता प्रदान करते हुये विश्व को एक मानक लोकतन्त्र दे सकें।
7. मन या मानव संसाधन का विश्व मानक निर्धारण के लिए प्रक्रिया प्रारम्भ करना आवश्यक है जिससे राष्ट्र को मानक मानव संसाधन प्राप्त हो।

उपरोक्त लक्ष्यों के लिए मैं भारत के संसद का आह्वान करता हूँ कि कम से कम समस्याओं से घिरते विश्व को अपनी सकारात्मक सोच से परिचय करायें ।

सर्वोच्च न्यायालय को आह्वान

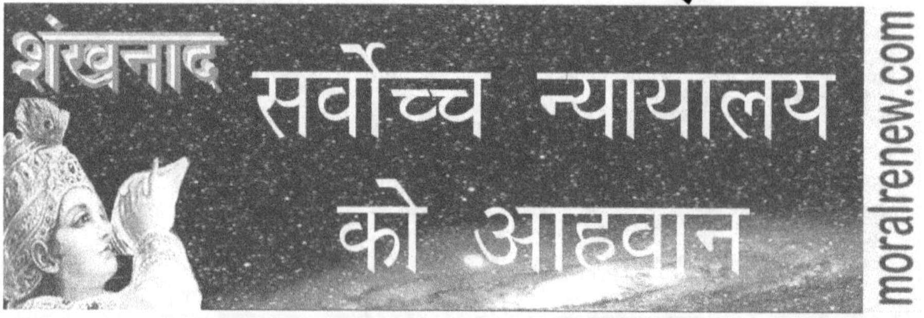

सर्वोच्च न्यायालय, एक तरफ संविधान का संरक्षक, अंतिम व्याख्याकर्ता, मौलिक अधिकारों का रक्षक, केन्द्र-राज्य विवादों में एक मात्र मध्यस्थ है, वहीं यह संविधान के विकास में भी भूमिका निभाता रहा है। इसने माना है कि निरंतर संवैधानिक विकास होना चाहिए ताकि समाज के हित संवर्धित हो। न्यायायिक पुनरीक्षण शक्ति के कारण यह संवैधानिक विकास में सहायता करता है। सार्वाधिक महत्वपूर्ण विकास यह है कि भारत में संविधान सर्वोच्च है। इसने संविधान के मूल ढाँचे का अदभुत सिद्धान्त दिया है जिसके चलते संविधान काफी सुरक्षित हो गया है। इसे मनमाने ढंग से बदला नहीं जा सकता है। इसने मौलिक अधिकारों का भी विस्तार किया है। इसने अनु 356 के दुरूपयोग को भी रोका है। सुप्रीम कोर्ट इस उक्ति का पालन करता है कि संविधान खुद नहीं बोलता है यह अपनी वाणी न्यायपालिका के माध्यम से बोलता है।

न्यायायिक सक्रियता का अर्थ, न्यायपालिका द्वारा निभायी जाने वाली सक्रिय भूमिका है जिसमें राज्य के अन्य अंगों को उनके संवैधानिक कृत्य करने को बाध्य करे। यदि वे अंग अपने कृत्य संपादित करने में सफल रहे तो जनतन्त्र तथा विधि शासन के लिए न्यायपालिका उनकी शक्तियों-भूमिका का निर्वाह सीमित समय के लिए करेगी। यह सक्रियता जनतन्त्र की शक्ति तथा जन विश्वास को पुर्नस्थापित करती है। इस तरह यह सक्रियता न्यायपालिका पर एक असंवेदनशील-गैर जिम्मेदार शासन के कृत्यों के कारण लादा गया बोझ है। यह सक्रियता न्यायिक प्रयास है जो मजबूरी में किया गया है। यह शक्ति उच्च न्यायालय तथा सुप्रीम कोर्ट के पास है। ये उनकी पुनरीक्षा तथा रिट क्षेत्राधिकार में आती है। जनहित याचिका को हम न्यायायिक सक्रियता का मुख्य माध्यम मान सकते हैं।

42वें संशोधन द्वारा भारतीय संविधान के धारा-51(ए) के अन्तर्गत नागरिक का मौलिक कत्र्तव्य जोड़ा गया है जो निम्नलिखित है-

01. संविधान के प्रति प्रतिबद्धता, इसके आदर्शों, धाराओं, राष्ट्रीय ध्वज व राष्ट्रीय गान का आदर करना।
02. स्वतंत्रता के लिए संघर्ष हेतु प्रेरित करने वाले सुआदर्शों का अनुकरण करना व उन्हें चिरस्थायी बनाना।
03. भारत की सर्वोच्चता, एकता और अखण्डता की रक्षा करना तथा समर्थन करना।
04. जब भी आवश्यकता पड़े देश की रक्षा करना व राष्ट्रीय सेवाओं हेतु समर्पित होना।
05. समाज में भाई-चारे की भावना का विस्तार करना, मातृत्व भाव, धार्मिक, भाषायिक, क्षेत्रीय विभिन्नताओं में एकता कायम करना तथा नारी सम्मान आदि का ध्यान देना।
06. अपने मिश्रित संस्कृति का मूल्यांकन करना उसको स्थायित्व देना और इसकी परम्परा को कायम रखना।
07. प्राकृतिक सम्पदा की रक्षा करना जिसमें जलवायु, जंगल, झील, नदियां, जंगली जीवों व समस्त जीवों के प्रति दया का भाव सम्मिलित है।
08. वैज्ञानिक भावना को प्रोत्साहित करना, मानवीय भावनाओं के स्वरूप की परख करते रहना।
09. जन सम्पत्ति की सुरक्षा करना और हिंसा आदि का परित्याग करना।

10. व्यक्तिगत, सामूहिक गतिविधियों के प्रत्येक क्षेत्र में सर्वोच्चता हासिल करना, जिससे राष्ट्र शतत उत्थान, प्रयत्न व प्राप्ति की ओर अग्रसर होता रहे।
11. जो कि माता-पिता या अभिभावक हो, वे अपने 6 साल से 14 साल के बच्चों को शिक्षा या अन्य ऐसे सुअवसरों का लाभ उन्हें मुहैया करावें।

भारतीय संविधान के धारा-51(ए) के अन्तर्गत नागरिक का मौलिक कत्र्तव्य तथा जनहित याचिका के माध्यम से मैं भारत के सर्वोच्च न्यायालय का आह्वान करता हूँ कि राष्ट्र की एकता, अखण्डता, विकास, साम्प्रदायिक एकता, समन्वय, नागरिकों के ज्ञान की पूर्णता इत्यादि जो कुछ भी राष्ट्रहित में हैं उसके लिए वे सरकार व संसद को उसके संस्थान जैसे- एन.सी.ई.आर.टी, ज्ञान आयोग, राष्ट्रीय नवोन्मेष परिषद्, भारतीय मानक ब्यूरो के माध्यम से निम्नलिखित उद्देश्यों को पूर्ण कराये जो राष्ट्र के वर्तमान और भविष्य के लिए अतिआवश्यक है। साथ ही नागरिकों का राष्ट्र के प्रति कर्तव्य निर्धारण व परिभाषित करने का मार्ग है।

1. जिस प्रकार भारत में एक राष्ट्रीय ध्वज (तिरंगा), एक राष्ट्रीय पक्षी (भारतीय मोर), एक राष्ट्रीय पुष्प (कमल), एक राष्ट्रीय पेड़ (भारतीय बरगद), एक राष्ट्रीय गान (जन गण मन), एक राष्ट्रीय नदी (गंगा), एक राष्ट्रीय प्रतीक (सारनाथ स्थित अशोक स्तम्भ का सिंह), एक राष्ट्रीय पंचांग (शक संवत पर आधारित), एक राष्ट्रीय पशु (बाघ), एक राष्ट्रीय गीत (वन्दे मातरम्), एक राष्ट्रीय फल (आम), एक राष्ट्रीय खेल (हाकी), एक राष्ट्रीय मुद्रा चिन्ह, एक संविधान है उसी प्रकार एक राष्ट्रीय शास्त्र भी भारत को आवश्यकता है। जिससे नागरिक अपने व्यक्तिगत धर्म शास्त्र को मानते हुये भी राष्ट्रधर्म को भी जान सके। जो लोकतन्त्र का धर्मनिरपेक्ष-सर्वधर्मसमभाव शास्त्र भी होगा।
2. पिछले 65 वर्षो से अकेले रह रहे हमारे राष्ट्रपिता महात्मा गाँधी को एक राष्ट्रपुत्र भी चाहिए जिसके स्वामी विवेकानन्द पूर्णतः योग्य हैं। जिससे नागरिक उनके धर्मनिरपेक्ष-सर्वधर्मसमभाव विचार व जीवन से प्रेरणा प्राप्त कर सके।
3. "शिक्षा के अधिकार अधिनियम" के बाद अब "पूर्ण शिक्षा का अधिकार अधिनियम" बनना चाहिए। पूर्ण शिक्षा पाठ्यक्रम बनने से पूर्ण मानव का निर्माण प्रारम्भ होगा फलस्वरूप देश सहित विश्व के विकास और उसके प्रति समर्पित नागरिक प्राप्त होने लगेंगे जो कत्र्तव्य आधारित नागरिक होंगे।
4. यह प्रश्न उठाना चाहिए कि देश, व्यक्ति व संस्था किस प्रकार के नागरिक का निर्माण करना चाहते हैं और उसका मानक क्या हैं? यह सभी संस्थानों से पूछा जाना चाहिए।
5. यह प्रश्न उठाना चाहिए कि ऐसा कौन सा सार्वजनिक प्रमाणित सत्य-सिद्धान्त है जो पूर्णतया विवादमुक्त है जिससे सभी तन्त्रों को विवादमुक्त कर उसका सत्यीकरण किया जा सके।
6. यह प्रश्न उठना चाहिए कि गणराज्य का सत्य रूप क्या है? जिससे हम सबसे बड़े लोकतन्त्र को पूर्णता प्रदान करते हुये विश्व को एक मानक लोकतन्त्र दे सकें।
7. मन या मानव संसाधन का विश्व मानक निर्धारण के लिए प्रक्रिया प्रारम्भ करना आवश्यक है जिससे राष्ट्र को मानक मानव संसाधन प्राप्त हो।

उपरोक्त कार्य संवैधानिक विकास व लोकतन्त्र की पूर्णता का ही कदम है।

भाग-3
सत्य आमंत्रण

पाँचवें युग - स्वर्णयुग के तीर्थ सत्यकाशी क्षेत्र में प्रवेश का आमंत्रण
पाँचवें युग - स्वर्णयुग में प्रवेश का आमंत्रण

देश में युवा हैं जो इस गौरवशाली देश का नेतृत्व बिना किसी पद पर बैठे ही संकीर्णता, भय, असमानता, असहिष्णुता से ऊपर उठकर राष्ट्र को ज्ञान-विज्ञान के ऐसे धरातल पर स्थापित कर सकते हैं, जिससे भारत की महानता सार्वजनिक रूप से सिद्ध हो सकती है। या यूँ कहें कि भारत का वर्तमान रूप राम, कृष्ण, आादि शंकर, स्वामी विवेकान्द, स्वामी दयानन्द, भगत सिंह, रजनीश इत्यादि जैसे युवाओं ने वैचारिक और प्रत्यक्ष क्रान्ति द्वारा ही, अपने जीवन को अन्य जीवन के लोगों से अलग रखकर व्यक्त किया है। और जब भी भारत अपनी महानता को स्थापित करेगा वह युवा के द्वारा ही होगा क्योंकि कोई भी यहाँ जन्म लेकर और पुस्तकों से ज्ञान प्राप्त कर भारत को महानता नहीं दिला सकता क्योंकि फिर इतने बड़े कार्य के लिए एक जीवन तो ज्ञान की खोज में ही निकल जायेगा-फिर कर्म कब होगा? ऐसे युवा जिन्होंने अपने जीवन को बलिदान स्वरूप रखकर भारत को सतत महानता की ओर ले जाने के लिए प्रयत्न किये है वे तो सिर्फ कर्म करने आये, ज्ञान तो, उन्हें पूर्वजन्म से ही प्राप्त था।

भौतिकवादी समाज विश्व को एक बाजार समझता है लेकिन आध्यात्मवादी समाज विश्व को परिवार समझता है। इस समझ के कारण ही भारत ने "वसुधैव-कुटुम्बकम्", "बहुजन हिताय-बहुजन सुखाय", "विश्वबन्धुत्व", "एकात्म मानवतावाद" जैसे शब्दों का प्रयोग किया है। गुरू-शिष्य परम्परा की अवधारणा-भावना तभी स्वतः स्फूर्त होगी जब शिक्षा पाठ्यक्रम मस्तिष्क को विश्व व्यापक बनाने वाली हो, जिससे ऐसे मनुष्य का निर्माण हो जो सम्पूर्ण ब्रह्माण्ड को अपना स्वरूप समझता हो, और शिक्षा को मात्र रोजगार पाने की सीमा तक न समझता हो। और जब ऐसा होगा तभी शैक्षणिक संस्थानों में नई चेतना, विचारधारा निकलेगी जिससे सामाजिक व राष्ट्रीय उत्थान को बल मिलेगा।
एक परफेक्ट देश के लिए व्यक्ति-विचार आधारित नहीं बल्कि मानक आधारित होना जरूरी है। अब हमें विश्व में मानक देश (Standard Country) का निर्माण करना होगा। और यह पहले स्वयं भारत और अमेरिका को होना पड़ेगा। भारत गणराज्य-लोकतन्त्र का जन्मदाता रहा है जिसका क्रम या मार्ग - जिस प्रकार हम सभी व्यक्ति आधारित राजतन्त्र में राजा से उठकर व्यक्ति आधारित लोकतन्त्र में आये, फिर संविधान आधारित लोकतन्त्र में आ गये उसी प्रकार पूर्ण लोकतन्त्र के लिए मानक व संविधान आधारित लोकतन्त्र में हम सभी को पहुँचना है।

भारत का अब धर्म के नाम पर बँटना नामुमकिन है क्योंकि अब वह "विश्वधर्म" और उसके शास्त्र "विश्वशास्त्र" को जन्म दे चुका है। विश्व का एकीकरण तभी हो सकता है जब हम सब प्रथम चरण में मानसिक रूप से एकीकृत हो जायें। फिर विश्व के शारीरिक (भौगोलिक) एकीकरण का मार्ग खुलेगा। एकीकरण के प्रथम चरण का ही कार्य है - मानक एवं एकात्मकर्मवाद आधारित मानव समाज का निर्माण। जिसका आधार ही विश्वमानक का आविष्कार है जो स्वामी विवेकानन्द के वेदान्त की व्यावहारिकता और विश्व-बन्धुत्व के विचार का शासन के स्थापना प्रक्रिया के अनुसार आविष्कृत है।

पुराण पढें और देखें है न, पृथ्वी की समस्या पहले ब्रह्मा के पास जाती है। यदि वह उनसे हल नहीं हो पाती तो अपने उच्च अधिकारी विष्णु के पास फाइल फारवार्ड की जाती है। यदि उनसे भी नहीं हल होती तो मुख्य कार्यालय शिव-शंकर के कार्यालय में भेज दी जाती है। जब सभी अन्धे होते हैं तो काना (एक आँख) वाला शासन करता है। जब सभी काने होते हैं तो दो आँख वाला शासन करता है। जब सभी दो आँख वाले होते हैं तब तीसरे नेत्र वाले का शासन आता है। जबकि सभी शासक अपने समय के अनुसार सर्वश्रेष्ठ ही होते हैं। नीति आयोग दो आँख वालों का समूह है, अब उसे काशी-सत्यकाशी से तीसरे नेत्र का प्रकाश माँगना चाहिए। ससम्मान निवेदन करें या राष्ट्र निर्माण के लिए अपनी क्षमता-बौद्धिकता पेश करें। **- लव कुश सिंह "विश्वमानव"**

पाँचवें युग - स्वर्णयुग के तीर्थ सत्यकाशी क्षेत्र में प्रवेश का आमंत्रण

काल अर्थात समय को समय से बांधा नहीं जा सकता। कोई भी व्यक्ति समष्टि के लिए किसी निश्चित दिन का दावा नहीं कर सकता कि इस दिन से किसी युग का परिवर्तन, किसी युग का अन्तिम दिन या किसी युग के प्रारम्भ का दिन है। क्योंकि हम दिन, दिनांक या कैलेण्डर का निर्धारण ब्रह्माण्डीय गतिविधि अर्थात सूर्य, चाँद, ग्रह इत्यादि के गति को आधार बनाकर निर्धारित करते है। इसी प्रकार युग का निर्धारण पूर्णतया मानव मन की केन्द्रित स्थिति से निर्धारित होता है न कि किसी निर्धारित अवधि के द्वारा। मन की केन्द्रित स्थिति निम्न स्थितियों में होती है-

0 या 5. स्थिति - अदृश्य मार्ग से मन का आत्मीय केन्द्रित स्थिति।

1. स्थिति - व्यक्तिगत प्रमाणित अदृश्य मार्ग से मन का आत्मीय केन्द्रित स्थिति अर्थात व्यक्तिगत प्रमाणित माध्यम द्वारा आत्मा पर केन्द्रित मन। यह स्थिति सतयुग की अन्तिम स्थिति है। इस युग में कुल 6 अवतार मत्स्य, कूर्म, वाराह, नृंसिंह, वामन और परशुराम हुयें।

2. स्थिति - सार्वजनिक प्रमाणित अदृश्य मार्ग से मन का आत्मीय केन्द्रित स्थिति अर्थात सार्वजनिक प्रमाणित माध्यम - प्रकृति व ब्रह्माण्ड द्वारा आत्मा पर केन्द्रित मन। यह स्थिति त्रेतायुग की अन्तिम स्थिति है। इस युग में सातवें अवतार श्री राम हुयें।

3. स्थिति - व्यक्तिगत प्रमाणित दृश्य मार्ग से मन का आत्मीय केन्द्रित स्थिति अर्थात व्यक्तिगत प्रमाणित व्यक्ति व भौतिक वस्तु माध्यम द्वारा आत्मा पर केन्द्रित मन। यह स्थिति द्वापर युग की अन्तिम स्थिति है। इस युग में आँठवें अवतार श्री कृष्ण हुयें।

4. स्थिति - सार्वजनिक प्रमाणित दृश्य मार्ग से मन का आत्मीय केन्द्रित स्थिति अर्थात सार्वजनिक प्रमाणित व्यक्ति व भौतिक वस्तु माध्यम द्वारा आत्मा पर केन्द्रित मन। यह स्थिति कलियुग की अन्तिम स्थिति है। इस युग में नवें अवतार बुद्ध हुये और दसवें और अन्तिम अवतार श्री लव कुश सिंह "विश्वमानव" व्यक्त हैं।

0 या 5. स्थिति - दृश्य मार्ग से मन का आत्मीय केन्द्रित स्थिति।

उपरोक्त स्थिति में स्थित मन से ही उस युग में शास्त्र-साहित्यों की रचना होती रही है। और उस अनुसार ही प्रत्येक व्यक्ति अपनी स्थिति का पता लगा सकता है कि वह किस युग में जी रहा है।

उपरोक्त में से कोई भी स्थिति जब व्यक्तिगत होती है तब वह व्यक्ति उस युग में स्थित होता है चाहे समाज या सम्पूर्ण विश्व किसी भी युग में क्यों न हो। इसी प्रकार जब उपरोक्त स्थिति में से कोई भी स्थिति में समाज या सम्पूर्ण विश्व अर्थात अधिकतम व्यक्ति उस स्थिति में स्थित होते है तब समाज या सम्पूर्ण विश्व उस युग में स्थित हो जाता है।

युग परिवर्तन सदैव उस समय होता है जब समाज के सर्वोच्च मानसिक स्तर पर एक नया अध्याय या कड़ी जुड़ता है। और एक नये विचार से व्यवस्था या मानसिक परिवर्तन होता है। इस प्रकार यह आत्मसात् करना चाहिए कि सम्पूर्ण समाज इस समय चौथे युग-कलियुग के अन्त में है और जैसे-जैसे "विश्वशास्त्र" के ज्ञान से युक्त होता जायेगा वह पाँचवे युग-स्वर्ण युग में प्रवेश करता जायेगा। और जब बहुमत हो जायेगा तब सम्पूर्ण समाज या विश्व पाँचवे युग-स्वर्ण युग में स्थित हो जायेगा।

"सत्यकाशी क्षेत्र-व्यास क्षेत्र" जो कभी काशी राज्य का ही अंग हुआ करता था, द्वारा "काशी-सत्यकाशी" के राष्ट्रगुरू बनने की योग्यता प्रस्तुत हो चुकी है।

स्वामी विवेकानन्द जी सत्य रूप में रिजर्व बैंक से दस गुना विचार धन दे गये। और वो 100 से अधिक वर्ष पूर्व ही दे गये। अभी भारत उसे कैश (नगद) में परिवर्तित ही नहीं करा पा रहा है तो भारत को उस विचार धन से क्या लाभ? जबकि स्वामी जी के विचार की अगली किस्त आ गई है और वह कैश (नगद) में परिवर्तित होगी।

अगली किस्त अनन्त है और वह इतना है कि जैसे-जैसे खर्च होगा वैसे-वैसे बढ़ता ही जायेगा। क्योंकि वो किस्त इस रूप में है-

शब्द से सृष्टि की ओर...
सृष्टि से शास्त्र की ओर...
शास्त्र से काशी की ओर...
काशी से सत्यकाशी की ओर...
और सत्यकाशी से अनन्त की ओर...
एक अन्तहीन यात्रा..............................

वहीं पूर्व राष्ट्रपति ए.पी.जे, अब्दुल कलाम जी ने कहा था-"नवीनता के द्वारा ही ज्ञान को धन में बदला जा सकता है।" ज्ञान को व्यक्ति के व्यावहारिक जीवन के लिए उपयोगी बनाने और उसके व्यापारीकरण से ही कल्याण होता है। सभी जानते हैं - "जगत एक सपना है, यह जगत असत्य है, ब्रह्म ही सत्य", तो क्या कोई काम न किया जाये?

पाँचवें युग-स्वर्णयुग के तीर्थ सत्यकाशी क्षेत्र में प्रवेश करने के लिए आप सभी को मैं लव कुश सिंह "विश्वमानव" हृदय से आमंत्रित करता हूँ।

पाँचवें युग - स्वर्णयुग में प्रवेश का आमंत्रण

जिस प्रकार त्रेतायुग से द्वापरयुग में परिवर्तन के लिए वाल्मिकि रचित "रामायण" आया, जिस प्रकार द्वापरयुग से कलियुग में परिवर्तन के लिए महर्षि व्यास रचित "महाभारत" आया उसी प्रकार कलियुग से पाँचवें युग-स्वर्णयुग में परिवर्तन के लिए "विश्वशास्त्र" सत्यकाशी क्षेत्र जो वाराणसी-विन्ध्याचल-शिवद्वार-सोनभद्र के बीच का क्षेत्र है, से व्यक्त हुआ है। प्रत्येक अवतार के समय शास्त्राकार अन्य होते थे और शास्त्र में नायक अलग होता था परन्तु "विश्वशास्त्र" का नायक और शास्त्राकार एक ही है इसलिए अवतार के होने न होने पर कोई विवाद नहीं होगा क्योंकि यह सदैव सिद्ध रहेगा कि यह शास्त्र है तो शास्त्राकार भी रहा होगा। यही इस अन्तिम अवतार की कला थी जो अवतारों के अनेक कलाओं में पहली और अन्तिम बार प्रयोग हुआ है। अवतारों के प्रत्यक्ष से प्रेरक तक की यात्रा में पूर्ण प्रेरक रूप का यह सर्वोच्च और अन्तिम उदाहरण है। जिस प्रकार प्रत्येक वस्तु में स्थित आत्मा प्रेरक है उसी प्रकार मनुष्य के लिए यह शास्त्र पूर्ण प्रेरक के रूप में सदैव मानव समाज के समक्ष रहेगा।

इस "विश्वशास्त्र" को आप सभी को समर्पित करने के बाद ईश्वर के पास कुछ भी शेष नहीं है और ईश्वर अपने कर्तव्य से मुक्त और मोक्ष को प्राप्त कर चुका है। निर्णय आपके हाथ में है कि आप ज्ञान-कर्मज्ञान का आस करेंगे या समय का पास। यह पूर्णतः आप पर ही निर्भर है। केवल मन से युक्त होकर पशु मानव जीते है। संयुक्त मन से युक्त होकर जीना मानव का जीना है तथा सार्वभौम सत्य-सिद्धान्त से युक्त संयुक्त मन, ईश्वरीय मानव की अवस्था है। यह "विश्वशास्त्र" ही आपका अपना यथार्थ स्वरूप और आपका कल्याणकर्ता है।

हम वर्तमान में ब्रह्मा के 58वें वर्ष में 7वें मनु-वैवस्वत मनु के शासन में श्वेतवाराह कल्प के द्वितीय परार्ध में, 28वें चतुर्युग का अन्तिम युग-कलियुग के ब्रह्मा के प्रथम वर्ष के प्रथम दिवस में विक्रम सम्वत् 2096 (सन् 2012 ई0) में हैं। वर्तमान कलियुग ग्रेगोरियन कैलेण्डर के अनुसार दिनांक 17-18 फरवरी को 3102 ई.पू. में प्रारम्भ हुआ था। इस प्रकार अब तक 15 नील, 55 खरब, 21 अरब, 97 करोड़, 61 हजार, 624 वर्ष इस ब्रह्मा के सृजित हुए हो गये हैं

इस प्रकार दिनांक 21 दिसम्बर, 2012 दिन शुक्रवार (मार्गशीर्ष, शुक्ल पक्ष, नवमी, विक्रम संवत् 2069) जिस दिन मायां सभ्यता का कैलेण्डर पूर्णता को प्राप्त किया है, से दसवें और अन्तिम महावतार लव कुश सिह

"विश्वमानव" की ओर से युग का चैथा और अन्तिम युग- कलियुग का समय तथा काल का पहला अद्दश्य काल समाप्त होकर युग का पाँचवाँ और अन्तिम युग - स्वर्णयुग तथा काल का दूसरा और अन्तिम काल - द्दश्य काल दिनांक 22 दिसम्बर, 2012 दिन शनिवार (मार्गशीर्ष, शुक्ल पक्ष, दशमी, विक्रम संवत् 2069) से प्रारम्भ होता है। और समस्त संसार के समक्ष और मनुष्य जीव के अस्तित्व तक शनिचर और शंकर रूपी "विश्वशास्त्र" उसके ज्ञान की परीक्षा लेने के लिए सदैव सामने व्यक्त रहेगा।

अब आप मेरे ईश्वरीय समाज में आने के लिए स्वतन्त्र है जिसके लिए आपको कहीं आना-जाना नहीं है। आप जिस समाज, धर्म, सम्प्रदाय, मत इत्यादि में हैं, वहीं रहे। सिर्फ "विश्वशास्त्र" को पढ़े और पूर्णता को प्राप्त करें क्योंकि कोई भी विचारधारा चाहे उसकी उपयोगिता कालानुसार समाज को हो या न हो, यदि वह संगठन का रूप लेकर अपना आय स्वयं संचालित करने लगती है तो उसके साथ व्यक्ति जीवकोपार्जन, श्रद्धा व विश्वास से जुड़ता है न कि ज्ञान के लिए। पाँचवें युग-स्वर्णयुग और ईश्वरीय समाज में प्रवेश करने के लिए आप सभी को मैं लव कुश सिंह "विश्वमानव" हृदय से आमंत्रित करता हूँ।

शनिवार, 22 दिसम्बर, 2012 सेप्रारम्भ हो चुका है-

1. काल के प्रथम रूप अद्दश्य काल से दूसरे और अन्तिम द्दश्य काल का प्रारम्भ।

- इसलिए कि अधिकतम व्यक्ति व समाज का मन द्दश्य विषयों पर केन्द्रित है।

2. मनवन्तर के वर्तमान 7वें मनवन्तर वैवस्वत मनु से 8वें मनवन्तर सांवर्णि मनु का प्रारम्भ।

- इसलिए कि सांवर्णि मनु के "सार्वभौम" गुण का प्रयोग कर श्री लव कुश सिंह "विश्वमानव" व्यक्त हैं।

3. अवतार के नवें बुद्ध से दसवें और अन्तिम अवतार-कल्कि महावतार का प्रारम्भ।

- इसलिए कि आधुनिक युग के लिए एकीकरण व मानकीकरण के सभी प्रणाली व्यष्टि व समष्टि के लिए संयुक्त एवं अन्तिम रूप से कल्कि अवतार द्वारा व्यक्त है।

4. युग के चैथे कलियुग से पाँचवें युग स्वर्ण युग का प्रारम्भ।

- इसलिए कि युग परिवर्तन के लिए कल्कि अवतार का आगमन हो चुका है।

5. व्यास और द्वापर युग में आठवें अवतार श्रीकृष्ण द्वारा प्रारम्भ किया गया कार्य "नवसृजन" के प्रथम भाग "सार्वभौम ज्ञान" के शास्त्र "गीता" से द्वितीय अन्तिम भाग "सार्वभौम कर्मज्ञान", "पूर्णज्ञान का पूरक शास्त्र", लोकतन्त्र का "धर्मनिरपेक्ष धर्मशास्त्र" और आम आदमी का "समाजवादी शास्त्र" द्वारा व्यवस्था सत्यीकरण और मन के ब्रह्माण्डीयकरण और नये व्यास का प्रारम्भ।

- इसलिए कि नया और अन्तिम शास्त्र "विश्वशास्त्र" प्रकाशित हो चुका है।

"लोग देश भक्ति की चर्चा करते हैं। मैं भी देश भक्ति में विश्वास करता हूँ और देशभक्ति के सम्बन्ध में मेरा भी एक आदर्श है। बड़े काम करने के लिए तीन बातों की आवश्यकता होती है। पहला है- हृदय- अनुभव की शक्ति। बुद्धि या विचारशक्ति में क्या धरा है? वह तो कुछ दूर जाती है और बस वहीं रूक जाती है। पर हृदय, हृदय तो महाशक्ति का द्वार है; अन्तःस्फूर्ति वहीं से आती है। प्रेम असम्भव को भी सम्भव कर देता है। यह प्रेम ही जगत के सब रहस्यों का द्वार है। अतएव, ऐ मेरे भावी सुधारकों, मेरे भावी देशभक्तों-तुम हृदयवान बनों।" (मेरी समर नीति-पृ0-38)

- स्वामी विवेकानन्द

भाग-4
परिवर्तन

सीधी समझ
नये भारत में, नये मनुष्य के उदय के लिए
व्यवस्था के परिवर्तन या सत्यीकरण का पहला प्रारूप और उसकी कार्य विधि
वे शब्द जिसके बिना युग परिवर्तन सम्भव नहीं

उपाधियाँ मिलती है- पीएच0 डी0, डी0 लिट0 और डी0 फिल0 और उनका बड़ा सम्मान होता है। उनका काम क्या है? उनका काम यह है कि वे तय करते हैं कि गोरखनाथ कब पैदा हुए थे। कोई कहता है दसवीं सदी के अंत में, कोई कहता है ग्यारहवीं सदी के प्रारम्भ में। इस पर बड़ा विवाद चलता है। बड़े-बड़े विश्वविद्यालयों के ज्ञानी सिर खपा कर खोज में लगे रहते हैं। शास्त्रों की, प्रमाणों की, इसकी, उसकी। उनकी पूरी जिन्दगी इसी में जाती है। इससे बड़ा अज्ञान और क्या होगा? गोरख कब पैदा हुए, इसे जानकर करोगे क्या? इसे जान भी लिया तो पाओगे क्या? गोरख न भी पैदा हुए, यह भी सिद्ध हो जाये, तो भी क्या फायदा? हुए हों या न हुए हों, अर्थहीन है। गोरख ने क्या जिया उसका स्वाद लो। इसलिए तुम्हारे विश्वविद्यालय ऐसी व्यर्थता के कामों में संलग्न हैं कि बड़ा आश्चर्य होता है कि इन्हें विश्वविद्यालय कहो या न कहो। इनका काम ही........तुम्हारे विश्वविद्यालय में चलने वाली जितनी शोध है, सब कूड़ा-करकट है।

-आचार्य रजनीश "ओशो"

(अक्टुबर व नवम्बर 1978 में दिये गये प्रवचन का अंश)

FINAL KNOWLEDGE BOMB BLAST

AFTER FIRST NOBEL DISCOVERY OF ZERO BY INDIA AGAIN ZERO BASED FINAL DISCOVERY

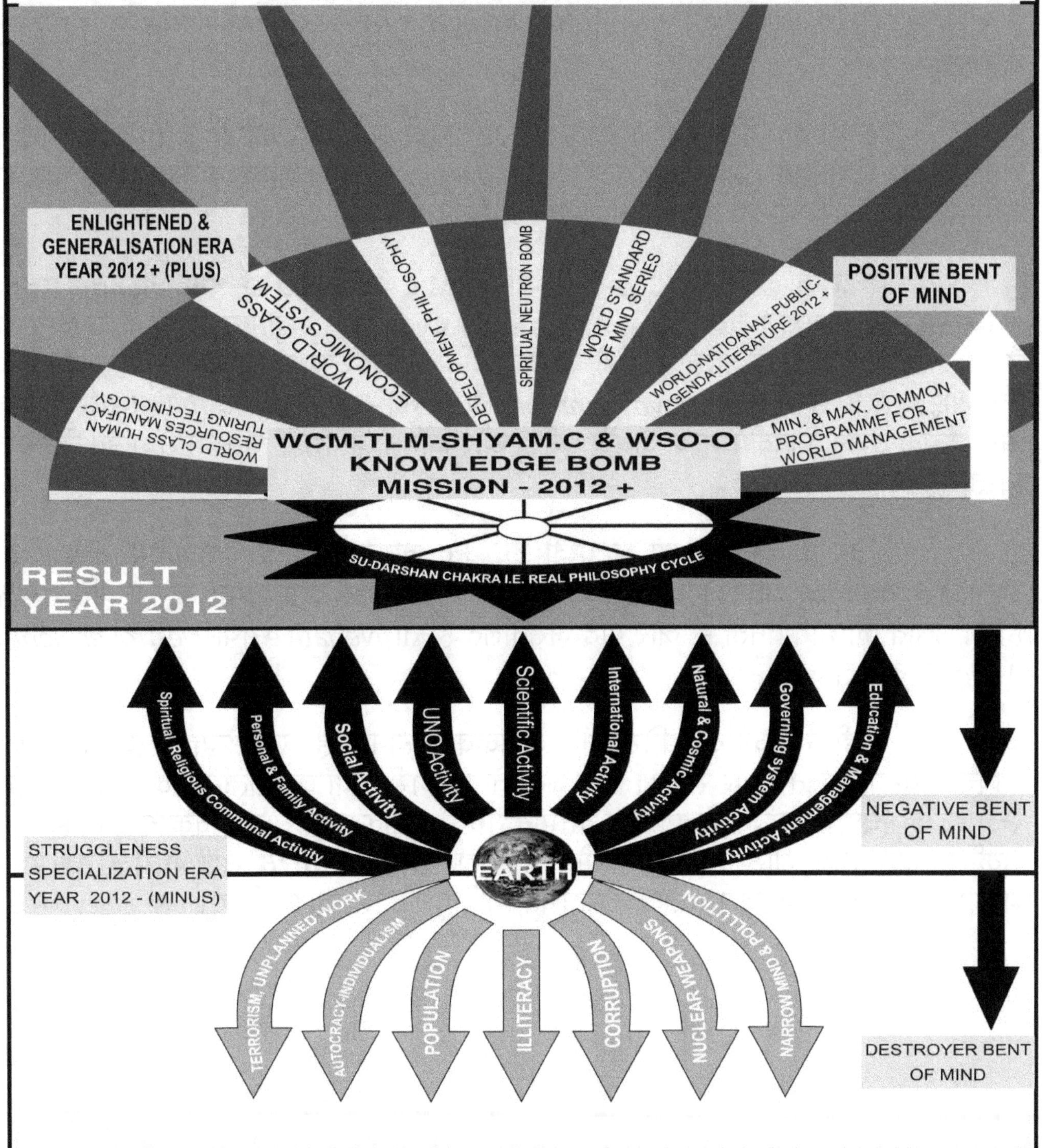

मैकाले शिक्षा पद्धति हम बदल नहीं सकते लेकिन अलग से "सत्य मानक शिक्षा" ग्रहण तो कर सकते हैं।

सरकारी पाठ्यक्रम बनाम नीजी पाठ्यक्रम / सार्वभौम आत्मीय पाठ्यक्रम / ईश्वरीय पाठ्यक्रम

ज्ञान के इस युग में ज्ञान की ओर चलें

FINAL KNOWLEDGE BOMB BLAST

यह चित्र **"FINAL KNOWLEDGE BOMB BLAST"** एक गहन वैचारिक मानचित्र है, जो मानव चेतना, ज्ञान, दर्शन और वैश्विक व्यवस्था के परिवर्तन को प्रतीकात्मक रूप में प्रस्तुत करता है।

इसमें यह दिखाया गया है कि वर्ष 2012 को एक *युग-संधि* के रूप में देखा गया है- जहाँ संघर्ष, विशेषज्ञता और विखंडन (2012–minus) से निकलकर मानवता को प्रबोधन, सामान्यीकरण और समन्वय (2012–plus) की ओर बढ़ना है।

चित्र के केंद्र में **WCM–TLM–SHYAM.C & WSO-O Knowledge Bomb Mission** और **सु-दर्शन चक्र (Real Philosophy Cycle)** को रखा गया है, जो यह संकेत देता है कि वास्तविक परिवर्तन शस्त्रों से नहीं, बल्कि दर्शन, विवेक और समग्र ज्ञान से आता है। ऊपर की ओर उठती संरचना *Positive Bent of Mind* को दर्शाती है, जहाँ विश्व-स्तरीय सोच, आध्यात्मिक दर्शन, मानवीय मूल्य, वैश्विक एजेंडा और कॉमन प्रोग्राम के माध्यम से मानव चेतना का विस्तार होता है।

चित्र के निचले भाग में पृथ्वी को केंद्र बनाकर मानव गतिविधियों-आध्यात्मिक, सामाजिक, वैज्ञानिक, अंतरराष्ट्रीय, शैक्षिक और प्रशासनिक-को दर्शाया गया है, जो यदि संतुलित हों तो उन्नति का मार्ग बनती हैं, और यदि असंतुलित हों तो *Negative* तथा *Destroyer Bent of Mind* की ओर ले जाती हैं।

वहीं नीचे की ओर गिरते तीर आतंकवाद, तानाशाही, जनसंख्या विस्फोट, अशिक्षा, भ्रष्टाचार, परमाणु खतरे और संकीर्ण सोच जैसे विनाशकारी तत्वों का प्रतिनिधित्व करते हैं। समग्र रूप से यह चित्र यह संदेश देता है कि वर्तमान युग में मानवता के सामने विकल्प स्पष्ट है-या तो संकीर्ण, नकारात्मक और विनाशकारी सोच, या फिर **"ज्ञान आधारित सार्वभौमिक दर्शन"** के माध्यम से पृथ्वी और मानव सभ्यता का संतुलित, शांतिपूर्ण और प्रबुद्ध भविष्य।

सीधी समझ

बड़ा वट वृक्ष (Big Banyan Tree), सैकड़ों वर्ष पुराना एक विशाल क्षेत्र में फैला वट वृक्ष है। जिसका मूल वृक्ष अब अस्तित्व में नहीं है उसके तनों से निकले सैंकड़ों जड़ वर्तमान में स्वयं एक वृक्ष, फिर उनके तनों से निकले सैंकड़ों जड़ भी वर्तमान में एक-एक वृक्ष के रूप में स्थापित हैं और सभी एक-दूसरे से जुड़े हुये हैं, बस जो नहीं है, वह है मूल वृक्ष। इस प्रकार सम्पूर्ण वृक्ष परिवार एक बड़े क्षेत्र में फैल चुका है और निरन्तर जारी भी है। प्रत्येक स्वयं स्वतन्त्र वृक्ष के रूप में स्थापित वृक्ष का अपने परिवार के रूप में तना, पत्ता, फूल और फल सब निकलते रहते हैं और जिसे जहाँ अर्थात् नजदीकी स्रोत से सुविधा अर्थात् खुराक मिल सकता हैं वहाँ से प्राप्त करते हुये विकास कर रहे हैं। इस कार्य में आपस में कोई विवाद नहीं है। कोई किसी पर अधिपत्य जमाना नहीं चाहता, ना ही अन्य के विकास में कोई बाधा पहुँचाता है। जिसको जिस ओर उचित वातावरण मिलता जाता है, उस ओर वह विकास कर रहा है। कुल मिलाकर स्व प्रेरित सुशासन की भाँति संचालित है। इस वट वृक्ष के सबसे बाद अर्थात् वर्तमान के तनों-पत्तों के लिए उसका जन्मदाता व पालनकर्ता के रूप में उसका नजदीकी जड़ ही है इसलिए उसकी कथा-कहानी वहीं से शुरू होती है और वहीं तक उसका ज्ञान है जो एक संकुचित और सीमित ज्ञान है। वह पूर्ण को नहीं जान रहा, उसका पूर्णत्व, सार्वभौम पूर्णत्व नहीं बल्कि सीमित पूर्णत्व है। सीमित पूर्णत्व में भी वह आनन्द में हैं और विकासशील है। उसका विकास होना सार्वभौम का ही विकास होना है परन्तु उसे उसका ज्ञान नहीं है और वह उस सार्वभौम के विकास में अपने योगदान को करते हुये भी स्वयं को गौरवान्वित नहीं अनुभव कर रहा है। सार्वभौम से युक्त होने के बाद भी उसे अपने परिवार से ही जुड़ा रहना उसकी विवशता भी है और इसके अलावा कोई अन्य मार्ग भी नहीं हैं। उसके सार्वभौम का मार्ग भी उसके अपने परिवार के ही मार्ग से होकर जाता है। वृक्ष के साथ यह मजबूरी भी है कि क्योंकि वह स्थिर है इसलिए उसका छोटा परिवार केवल पड़ोस तक के ही दायरे के सम्पर्क में है। दूसरे छोर के परिवार का क्या हाल है उसे कुछ नहीं पता।

हे मानवों, ये संसार भी उपरोक्त वट वृक्ष के सामन ही फैला हुआ है। परन्तु उस भाँति विकास नहीं कर रहा है। मनुष्य के अन्दर बीमारी की भाँति अधिकतम "शक्ति और लाभ (पावर और प्राफिट)" की दौड़ ने उसे अधिपत्य, अत्याचार, दूसरे को दबाना इत्यादि से युक्त कर दिया है। और जो इस दौड़ में नहीं हैं वे सीमित पूर्णत्व में आनन्द के साथ विकासशील हैं। उन्हें और भी तेज विकास की इच्छा है परन्तु उनके बुद्धि का दायरा ही सीमित है इसलिए उन्हें मार्ग नहीं मिल रहा है। यदि उनको मार्ग भी मिल रहा हो तो वट वृक्ष की भाँति उसके नजदीकी जन्मदाता ने उसे यह बता रखा है कि जब उस सार्वभौम का मार्ग मेरे ही रास्ते से जाता है तो जो मैं कह रहा हूँ उसे करो। और इसके लिए वे अपने परिवार के लिए अनेक प्रकार की प्रणाली दे रखे हैं। जबकि ये प्रणाली देने वाले उनके नजदीकी जन्मदाता स्वयं कहाँ से आये हैं स्वयं उन्हे भी नहीं पता। क्योंकि वे स्वयं भी उस वट वृक्ष के खो गये मूल जड़ की तरह अपने मूल जड़ को नहीं जानते। वे भी अपने नजदीकी जन्मदाता का ही अनुसरण कर रहे होते हैं। ये प्रणालीयाँ अनेक प्रकार की हैं उदाहरणस्वरूप कुछ मुख्य निम्नवत् हैं-

1 उनके द्वारा प्रस्तुत कुछ पुस्तकें होती हैं जिन्हें नियमानुसार प्रतिदिन पढ़ना होता है। पढ़ने के पूर्व शुद्धता की भी प्रक्रिया अनिवार्य होती है अन्यथा पुस्तकें परिणाम नहीं दे पायेंगी, ये भी शर्त होती हैं।
2 उनके द्वारा भोजन से सम्बन्धित कुछ नियम बना दिये जाते हैं कि क्या खाना है और क्या नहीं खाना है।
3 उनके द्वारा कोई मन्त्र दे कर उसे नियमानुसार जपने के लिए दे दिया जाता है।
4 उनके द्वारा किसी यन्त्र-तन्त्र द्वारा समस्या मुक्ति का उपाय बता दिया जाता है।
5 उनके द्वारा किसी विशेष प्रकार के रंग और ढ़ग के वस्त्र निर्धारित कर दी जाती है जिरारो उनकी पहचान एक अलग रूप में हो। अर्थात् समाज का एक और विभाजन कर उसे प्रस्तुत कर देते हैं।

सामान्य रूप से सभी द्वारा अनिवार्य रूप से ये भी निर्धारित कर दी जाती है कि किसी दूसरे के नियमों को न तो जानना है, न सुनना है, न पढ़ना है और न ही उसमें शामिल होना है। अर्थात् एक गतिशील प्राणी मनुष्य को जिसे सदैव श्रेष्ठ से, श्रेष्ठतम और सर्वोच्च तक उठने-विकास करने के लिए निर्मित किया गया था, उसे एक सीमित

दायरे में बुद्धिबद्ध कर दिया गया। मनुष्य जिसका निर्माण अपनी मस्तिष्क को असीम क्षमता को विकसित कर ईश्वर रूप में व्यक्त होना था, उसे जड़ (स्थिर) बना दिया गया।

हे मानवों, मनुष्यों की सबसे बड़ी कमजोरी "स्वयं में गुणों का विकास कर स्वयं बन जाने या हो जाने" में नहीं बल्कि "पाने" की इच्छा है। इस पाने की इच्छा की कमजोरी का परिणाम ही है उपरोक्त अनेक प्रकार के बुद्धिबद्ध करने की विधियाँ।

हे मानवों, उपरोक्त के पृष्ठभूमि में उनका उद्देश्य केवल अपने स्वार्थ की पूर्ति के सिवाय कुछ नहीं होता। क्योंकि मार्गदर्शक या प्रेरक या शिक्षक का उद्देश्य स्वयं से श्रेष्ठ मानव का निर्माण होता है न कि सदैव जीवन भर एक ही प्रणाली या प्रक्रिया या कक्षा में पढ़ते-दुहराते रहने के लिए विवश करना। उपरोक्त के पृष्ठभूमि में शारीरिक-आर्थिक-मानसिक शोषण का ही कार्य विभिन्न प्रकार से चल रहा है। कोई अपने कृषि कार्य को मुफ्त में हल करवा रहा है, तो कोई अपने नाम के उत्पादों को सिर्फ उन्हें ही खरीदने के लिए बुद्धिबद्ध कर दिया है।

हे मानवों, इन सबको आस्था का व्यापार कहते हैं। जबकि मैं देख रहा हूँ कि प्रत्येक संस्कारित करने की क्रिया जो उस काल के लिए आस्था का विषय था। उसके अगले काल के लिए संस्कारित करने की नयी क्रिया उपलब्ध हो जाने के बावजूद, मानव शरीर पिछले काल के संस्कारित करने वाली क्रिया के प्रति आस्था रखते हुये मूर्खता का स्पष्ट प्रदर्शन कर रहा है। सभी कालों में, सभी संस्कारित करने की क्रियाओं में मैं (सार्वभौम आत्मा) ही आस्था का विषय था परन्तु क्रिया के प्रति आस्था रखना मूर्खता का स्पष्ट प्रमाण ही तो है। चाहे वह व्यक्तिगत इच्छा से हो या सामाजिक प्रदर्शन की इच्छा से। इन समस्त संस्कारित करने के क्रिया के पीछे जो रहस्य आज तक गोपनीय था उसे मैंने तुम्हारें समक्ष सार्वजनिक प्रकाशित कर दिया है। अब कुछ भी गोपनीय नहीं। बावजूद इसके प्रत्येक मनुष्य अपनी मूर्खता रूपी आस्था को प्रदर्शित करने के लिए स्वतन्त्र है। परन्तु वह मुझ (सार्वभौम आत्मा) को प्राप्त नहीं कर सकता। हे मानवों, ईश्वर बहुमत से नहीं निर्धारित किया जाता इसलिए ही उसे अनिवर्चनीय कहा गया है। किसी भी वस्तु के प्रति आस्था के विकास से और समस्त मानवों को उसके प्रति आस्थावान् बना देने से वह वस्तु गुण प्रकट कर वैसा नहीं बन सकती जैसा आप उम्मीद करते हो।

हे मानवों, एक तरह से देखा जाये तो उपरोक्त व्यवस्था से कोई समस्या है ही नहीं क्योंकि जिसकी इच्छा जहाँ से पूर्ति हो रही है और विकास का मार्ग मिल रहा है, वह वहाँ से जुडा हुआ है। इसलिए मानव सभ्यता पर आया यह दसवाँ और अन्तिम संकट, संकट होते हुये भी संकट जैसा नहीं दिखता। इस व्यवस्था से हमें कोई समस्या भी नहीं है। समस्या ये है कि धर्म को जिस उद्देश्य के लिए निर्मित किया गया था वही धर्म, संकट में है। यह धर्म ही उस वट वृक्ष का मूल है, सार्वभौम है, समष्टि है। इसके ज्ञान से युक्त दोनों को अर्थात् विशाल संसार रूपी वट वृक्ष के छोटे-छोटे परिवार के नेतृत्वकर्ता मुखिया सहित उसके सदस्यों को होना आवश्यक है। तभी परिवार के नेतृत्वकर्ता मुखिया द्वारा बनाये गये उपरोक्त प्रणाली-नियम परिणाम-फल दे पायेंगे जिसकी इच्छा परिवार के सदस्य करते हैं।

हमारी उत्पत्ति ज्ञान से हुई है। जिन्हें ज्ञान है वही अपने आप को संघर्ष में पाते हैं और सर्वश्रेष्ठता के लिए कर्मशील हैं। शेष सभी तो प्रकृति के अनुसार आते-जाते रहते हैं। इस ज्ञान को ही ब्रह्म (सार्वभौम एकात्म ज्ञान) कहते हैं। देवता रूप में इस ज्ञान को ब्रह्मा के रूप में प्रक्षेपित किया गया है। यह ज्ञान जिस-जिस अंगो द्वारा प्राथमिकता से अनुभव में आता है उतने प्रकार के मानव अपने-आप को उत्पन्न समझते हैं।

पुराण रचनाकार महर्षि व्यास ने ब्रह्मा अर्थात ज्ञान के पुत्रों का प्रक्षेपण किये हैं। ब्रह्मा के 10 मानस पुत्रों

01.मन (विचार) से ज्ञान प्राप्त करने वाले मरीचि

02.नेत्रों (देखकर) ज्ञान प्राप्त करने वाले अत्रि

03.मुख (वाणी) से ज्ञान प्राप्त करने वाले अंगिरा

04.कान (सुन) कर ज्ञान प्राप्त करने वाले पुलस्त्य

05.नाभि (केन्द्र) से ज्ञान प्राप्त करने वाले पुलह

06.हाथ (कर्म) से ज्ञान प्राप्त करने वाले कृतु

07.त्वचा (स्पर्श) से ज्ञान प्राप्त करने वाले भृगु

08.प्राण (श्वास) से ज्ञान प्राप्त करने वाले वशिष्ठ

09.अँगूठे (आत्मा) से ज्ञान प्राप्त करने वाले दक्ष

10.गोद (प्रेम) से ज्ञान प्राप्त करने वाले नारद

ये दस प्रकार ज्ञान से उत्पन्न है और इतने प्रकार के मानव निर्मित होकर संसार में विचरण कर रहे हैं। इसे ये न समझना चाहिए कि मन या नेत्र इत्यादि से कैसे ब्रह्मा ने अपने पुत्रों को उत्पन्न किया? चूंकि शरीर का अस्तित्व अस्थायी है इसलिए विचार के आधार पर ये मनुष्य के वर्ग या श्रेणी का निर्धारण है। इसे मानकीकरण (Standardization) या वर्गीकरण (Classification) भी कहा जा सकता है। जिस प्रकार आजकल मानकीकरण के शब्द ISOऔर ISI मार्का दिये जाते हैं।

नये भारत में, नये मनुष्य के उदय के लिए

आप लंगोट से जौकी पर आ गये...पायजामे से पतलून पर आ गये...नाड़े से बेल्ट पर आ गये...खड़ाऊँ से बूट पर आ गये...कलम से कीबोर्ड पर आ गये। पगडंडियों से एक्सप्रेस वे पर आ गये...चूल्हे से इंडक्शन कुकर पर आ गये...जंगलो से अपार्टमेंट तक आ गये। हल से ट्रैक्टर पर आ गये...पैदल से लक्ज़री जहाज़ों पर आ गये...दीये-मशाल से एलईडी पर आ गये...आप लैंडलाइन से ओरियो एंड्रॉयड तक आ गये...तीर-कमान और गदा से ऑटोमैटिक बंदूकों और मिसाइलों पर आ गये। दुनियां चाँद पे चली गई...मंगल की छाती पर नासा ने रोबोट उतार दिया....शनि मंगल सूर्यग्रहण-चन्द्रग्रहण के हर रहस्य से पर्दा उठ गया!

आप पाँच हज़ार ईसापूर्व और पाँचवी-छठवीं शताब्दी से इक्कीसवी शताब्दी में आ गये...आप लगातार अपडेट होते रहे हैं!!! मगर फिर भी तुम ग्रह-नक्षत्रों को...शनि-मंगल को जन्मकुंडली में देख-देख कर काँप रहे हो। अपना भविष्य सुधारने के लिए बाबा-बाबियों का रास्ता नाप रहे हो। क्या इसी दिन के लिए तुमने बी.एससी, एम.एससी पीएच.डी की थी?? कि तुम पढ़े-लिखे जाहिलों की फौज में शामिल हो जाना! क्या इसी दिन के लिए तुम डॉक्टर, इंजीनियर, वकील, मजिस्ट्रेट या प्रोफेसर बने थे? कि बंगले पर काली हांडी टांगना! निम्बू मिर्ची टांगना! नजर न लगने से एक पैर में काला धागा बांधना?? और अपने उज्ज्वल भविष्य की भीख किसी बाबा-बाबी के दर पर नाक रगड़ के मांगना?

देश आजाद हो गया! दुनिया आजाद हो गई! आखिर कब मिलेगी तुम्हें आजादी?? इस अंधी मानसिक गुलामी से? दुनिया रोज नए-नए आविष्कार कर रही है! तुम हजारों साल पुरानी भाषा, संस्कृति, रीति, रिवाजो की वैज्ञानिक व्याख्या करने में लगे हो! क्या भारत पुनः विश्वगुरु तुम्हारे जैसे मनोरोगियों की वजह से कभी बन पाएगा? बंद कमरे में तुम्हारी चोटी कट जाती! अँधेरे में अकेले में तुम्हें भूत-पलीत सताते हैं! तुम्हें ही सारी दुनिया की नजर लगती है! डायन तो तुम्हारे हर घर में मौजूद है!! तुम्हारे तंत्र-मंत्र-यंत्र काम क्यों नहीं करते हैं? एक पैर में काले धागे वाला रक्षा सूत्र तुम्हारी चोंटी क्यों नहीं बचाता है? आखिर कब तक तुम मानसिक गुलाम रहोगे?

तुम्हारी समस्याएं लौकिक है। मगर तुम्हें हर समस्या का हल परलोक में नजर आता है! संसार तुम्हारे लिए स्वप्नवत् है माया है! भगवान की लीला है! नाटक है! भ्रम है! आखिर तुम्हें इस सपने से कौन जगाए? कब तक शब्दों के साथ बलात्कार करोगे? कब तक धोखे में रहोगे? कब तक हर सिद्धान्त हर आविष्कार को शास्त्रों ऋषि-मुनियों के माथे मड़ोगे??

तुम लोग को जो जगाए वही धर्मद्रोही, देशद्रोही, जातिवादी या नास्तिक है? चारुवाक, बुद्ध, महावीर, कपिल, कणाद गौतम, नागसेन, अश्वघोष, कबीर, नानक, रविदास, ओशो, फुले, शाहू, पेरियार, भीम, भगतसिंह, कोवूर, राहुल संस्कृत्यायन, दयानन्द, विवेकानंद, सबने विवेक लगाया! मगर फिर भी तुम्हारा विवेक नहीं जागा!

तुम्हारा धर्म कब अपडेट (Update) होगा?
तुम्हारी आस्था कब अपडेट (Update) होगी?
तुम्हारा ईश्वर कब अपडेट (Update) होगा?
तुम्हारी सोच कब अपडेट (Update) होगी?
तुम्हारे धर्म की किताबें कब अपडेट (Update) होंगी?

कम्प्यूटर और मोबाइल का साफ्टवेयर तो तुरन्त करते हो, तुम्हारे मस्तिष्क का साफ्टवेयर कब अपडेट (Update) होगा?

क्योंकि तुम विश्वगुरु के अहंकार की दारू पीकर गरीबी, अनपढ़ता, लिंगभेद, जातिभेद, भाषाभेद, क्षेत्रभेद, साम्प्रदायिकता की नाली में पड़े हो! आखिर तुम्हें कब मिलेगी आजादी? इस उम्दा मानसिक गुलामी से?

सोच के बता देना!!
आओ एक कदम शब्दों के उँचाइयों की ओर..........

IDEAS + ACTION = CHANGE

व्यवस्था के परिवर्तन या सत्यीकरण का पहला प्रारूप और उसकी कार्य विधि

उदाहरण के रूप में, यदि किसी शिक्षित व्यक्ति जिसे अंकगणित का ज्ञान हो, उसके समक्ष संख्या 5 लिख दिया जाये और उससे कहा जाये कि इस संख्या के आगे और पीछे की संख्या लिखें तो वह आसानी से उसे लिख देगा परन्तु अंकगणित का अज्ञानी ऐसा नहीं कर पायेगा। उसका सारा ध्यान केवल संख्या 5 पर ही टिका रह जायेगा क्योंकि वह संख्या पद्धति से अपरिचित है। अगर वह कुछ लिख भी देगा तो वह आवश्यक नहीं कि सत्य हो और उसमें सुधार की पूरी सम्भावना बनी रहेगी। समाज सुधार के क्षेत्र में भी यही बात है। हम एक समस्या देखते हैं फिर उसमें कुछ सुधार कर देते हैं। फल यह होता है कि कुछ समय बाद पुनः उसमें सुधार की आवश्यकता आ जाती है।

जितने अधिक आकड़ों को विश्लेषित कर हम परिणाम को खोजेंगे उतने ही सत्य परिणाम हमारे सामने आयेंगे। प्रस्तुत शास्त्र व्यक्त अधिकतम आकड़ों के व्यवस्थित प्रस्तुतीकरण का शास्त्र है। दूसरे रूप में इसे धर्म ज्ञान का बैलेन्ससीट भी कह सकते है। इन सम्पूर्ण आकड़ों पर आधारित होकर व्यक्ति, समाज और विश्व राष्ट्र के लिए लिया गया निर्णय ही एक सत्य निर्णय हो सकता है। समाज सुधार के सम्बन्ध में स्वामी विवेकानन्द का कहना है कि-"तथाकथित समाज-सुधार के विषय में हस्तक्षेप न करना क्योंकि पहले आध्यात्मिक सुधार हुये बिना अन्य किसी भी प्रकार का सुधार हो नहीं सकता (राम पृष्ठ मिशन, पत्रावली भाग-1, पृष्ठ-29), भारत के शिक्षित समाज से मैं इस बात पर सहमत हूँ कि समाज का आमूल परिवर्तन करना आवश्यक है। पर यह किया किस तरह जाये? सुधारकों की सब कुछ नष्ट कर डालने की रीति व्यर्थ सिद्ध हो चुकी है। मेरी योजना यह है, हमने अतीत में कुछ बुरा नहीं किया। निश्चय ही नहीं किया। हमारा समाज खराब नहीं, बल्कि अच्छा है। मैं केवल चाहता हूँ कि वह और भी अच्छा हो। हमें असत्य से सत्य तक अथवा बुरे से अच्छे तक पहुँचना नहीं है। वरन् सत्य से उच्चतर सत्य तक, श्रेष्ठ से श्रेष्ठतर और श्रेष्ठतम तक पहुँचना है। मैं अपने देशवासियों से कहता हूँ कि अब तक जो तुमने किया, सो अच्छा ही किया है, अब इस समय और भी अच्छा करने का मौका आ गया है।"-(राम पृष्ठ मिशन, जितने मत उतने पथ, पृष्ठ-46)

व्यक्ति हो या ज्ञानी, समाज हो या राज्य, देश हो या विश्व, समाज नेता हों या राजनेता सभी को अब यह जान लेना चाहिए कि विश्व एक परिवार है और उस परिवार का शास्त्र-"विश्वशास्त्र" है। जब तक यह शास्त्र उपलब्ध नहीं था तब तक इस विश्व परिवार के एकीकरण का मार्ग नहीं खुला था, अब वह मार्ग मिल चुका है। कोई भी समाज निर्माण या युग परिवर्तन का कार्य एक क्षण का कार्य नहीं है। यह एक लम्बी अवधि की प्रक्रिया का कार्य है। इसे हम उन समाज सुधारकों के संस्थाओं के कार्य को देख कर अनुभव कर सकते हैं।

व्यवस्था परिवर्तन, एक राजनीतिक लुभावना वाला शब्द है। वह कैसे होगा, इसके लिए एक प्रारूप की आवश्यकता होती है अगर वह नहीं है तो व्यवस्था परिवर्तन चिल्लाने से नहीं होता। फिर व्यवस्था परिवर्तन किस बात का? मानव समाज को संचालित करने के लिए तो सिर्फ दो ही मूल व्यवस्था है-एक राजतन्त्र, जिसका युग जा चुका है। दूसरा-लोकतन्त्र, जिसका युग चल रहा है और यही अन्तिम व्यवस्था भी बनी रहेगी क्योंकि ब्रह्माण्डीय व्यवस्था भी लोकतन्त्र से ही चल रहा है और मनुष्य के मस्तिष्क से अन्ततः वही व्यक्त हो रहा है। लोकतन्त्र से हम राजतन्त्र में नहीं जा सकते इसलिए व्यवस्था परिवर्तन का अर्थ ही निरर्थक है।

आवश्यकता है वर्तमान लोकतन्त्र व्यवस्था को ही सत्य आधारित करने की जिसे व्यवस्था सत्यीकरण कहा जा सकता है। इस कार्य में हमें मानकशास्त्र की आवश्यकता है जिससे तोल कर यह देख सके कि इस लोकतन्त्र व्यवस्था में कहाँ सुधार करने से सत्यीकरण हो जायेगा। यह मानकशास्त्र ही "विश्वशास्त्र" है। सिर्फ मतदाता बनने व वोट डालने से ही लोकतन्त्र स्वस्थ नहीं हो सकता। उसके लिए देश व विश्व के पूर्ण ज्ञान की आवश्यकता होगी। इसलिए आवश्यक है कि प्रत्येक मतदाता "विश्वशास्त्र" के ज्ञान से युक्त हो।

अच्छा होता कि हमारे राजनेतागण कुछ दिनों के लिए सन्यास लेकर थोड़ा कुछ अध्ययन-चिंतन करते रहते ताकि उन्हें बार-बार लक्ष्य के लिए शब्दों का परिवर्तन न करना पड़ता। एक ही स्थिति में बहुत समय तक रहने पर बुद्धि, बद्ध हो जाती है। एक-एक सीढ़ी चढ़कर, पहुँच गये-पहुँच गये चिल्लाने से अच्छा है कि अन्तिम सीढ़ी पर पर बैठकर चिल्लाना कि पहुँच गये।

चाहे कुछ हो यदि प्रारूप नहीं, तो न तो व्यवस्था परिवर्तन हो सकता है, न ही व्यवस्था सत्यीकरण हो सकता है, न ही सम्पूर्ण क्रान्ति। भीड़ से क्रान्ति नहीं सिर्फ हंगामा होता है। भीड़ में जोश होता है, होश नहीं।

इस मानक शास्त्र के प्रस्तुत हो जाने से व्यवस्था परिवर्तन की नहीं बल्कि व्यवस्था के सत्यीकरण का मार्ग खुल चुका है। जिसका व्यक्ति, समाज और विश्व राष्ट्र को आवश्यकता भी है। किसी एक विषय पर बहुत अधिक पुस्तक मस्तिष्क को भ्रमित ही करती है। यह शास्त्र प्रारम्भ से अन्त तक के विकास को क्रमबद्ध प्रस्तुत करता है जिससे हम सभी एक सत्य निर्णय करने में सक्षम हों और पूर्ण ज्ञान से युक्त हो जायें और हमारा कोई भी सुधार एक स्थायी, अच्छा और दूरगामी परिणाम देने वाला हो।

प्रश्न यह भी उठता है कि परिवार का मुखिया जिसके द्वारा परिवार का संचालन होता है, यदि वह परिवार के हित व विकास के विषय में कर्म न करता हो तो क्या परिवार का सदस्य उसमें हस्तक्षेप करने का अधिकारी है या नहीं? यही बात देश को चलाने वाले संसद के विषय में भी है। यदि संसद स्वयं देशहित व जनहित के प्रति उदासीन हो जाये तो क्या जनता संसद को मार्गदर्शन देने का अधिकार नहीं रखती? यदि नहीं तो संविधान की धारा-51(ए) के अन्तर्गत नागरिक का मौलिक कर्तव्य की उपयोगिता क्या है? ध्यान रखने योग्य विषय यह है कि कोई भी चुना हुआ प्रतिनिधि सिर्फ उतने ही बड़े क्षेत्र का प्रतिनिधि होता है जिस क्षेत्र से वह चुना जाता है। भारत में ऐसा कोई प्रतिनिधि जनता से नहीं चुना जाता जो भारत का प्रतिनिधित्व करता हो और जब तक भारत का प्रतिनिधित्व करने वाला चुनाव नहीं होता या भारत की जनता का राष्ट्रीय मुद्दों पर विचार कर संसद के कर्तव्य का बोध कराने वाली स्वतन्त्र संस्था नहीं बन जाती, तब तक जनता को संसद को संविधान की धारा-51(ए) के अन्तर्गत नागरिक का मौलिक कर्तव्य के अनुसार न्यायालय व संसद के माध्यम से सरकार को मार्गदर्शन देने का कर्तव्य करना चाहिए जो उसका अधिकार भी है।

वे शब्द जिसके बिना युग परिवर्तन सम्भव नहीं

सन् 1893 से सन् 1993 के 100 वर्षों के समय में विश्व के बौद्धिक शक्ति को जिन्होंने सबसे अधिक हलचल दी वे हैं-धर्म की ओर से स्वामी विवेकानन्द और धार्मिकता की ओर से आचार्य रजनीश"ओशो"। मनुष्य जिस प्रकार भौतिक विज्ञान के नवीन आविष्कारों को आसानी से ग्रहण करता है उसी प्रकार धर्म-आध्यात्म-दर्शन के नवीन आविष्कारों को भी मनुष्य को ग्रहण करना चाहिए, तभी मानसिक-आध्यात्मिक स्वतन्त्रता का अनुभव हो सकेगा। अन्यथा पूर्ण शारीरिक गुलामी का समय बीत चुका, आर्थिक गुलामी का काल चल रहा है और मानसिक गुलामी के काल चक्र में मनुष्य फँस जायेगा।

स्वामी विवेकानन्द जी का कहना था-

- "उसी मूल सत्य की फिर से शिक्षा ग्रहण करनी होगी, जो केवल यहीं से, हमारी इसी मातृभूमि से प्रचारित हुआ था। फिर एक बार भारत को संसार में इसी मूल तत्व का-इसी सत्य का प्रचार करना होगा। ऐसा क्यों है? इसलिए नहीं कि यह सत्य हमारे शास्त्रों में लिखा है वरन् हमारे राष्ट्रीय साहित्य का प्रत्येक विभाग और हमारा राष्ट्रीय जीवन उससे पूर्णतः ओत-प्रोत है। इस धार्मिक सहिष्णुता की तथा इस सहानुभूति की, मातृभाव की महान शिक्षा प्रत्येक बालक, स्त्री, पुरुष, शिक्षित, अशिक्षित सब जाति और वर्ण वाले सीख सकते हैं। तुमको अनेक नामों से पुकारा जाता है, पर तुम एक हो।" (जितने मत उतने पथ, राम कृष्ण मिशन, पृष्ठ-39)।
- "अत: यदि भारत को महान बनाना है, तो इसके लिए आवश्यकता है संगठन की, शक्ति संग्रह की और बिखरी हुई इच्छाशक्ति को एकत्र कर उसमें समन्वय लाने की। अथर्ववेद संहिता की एक विलक्षण ऋचा याद आ गयी जिसमें कहा गया है, "तुम सब लोग एक मन हो जाओ, सब लोग एक ही विचार के बन जाओ। एक मन हो जाना ही समाज गठन का रहस्य है बस इच्छाशक्ति का संचय और उनका समन्वय कर उन्हें एकमुखी करना ही सारा रहस्य है।" (देखें "नया भारत गढ़ो" पृष्ठ संख्या-55)
- "यह भी न भूलना चाहिए कि हमारे बाद जो लोग आएंगे, वे उसी तरह हमारे धर्म और ईश्वर सम्बन्धी धारणा पर हँसेंगे, जिस तरह हम प्राचीन लोगों के धर्म और ईश्वर की धारणा पर हँसते हैं। यह सब होने पर भी, इन सब ईश्वर सम्बन्धित धारणाओं का संयोग करने वाला एक स्वर्ण सूत्र है और वेदान्त का उद्देश्य है-इस सूत्र की खोज करना। भागवान कृष्ण ने कहा है-""भिन्न भिन्न मणियाँ जिस प्रकार एक सूत्र में पिरोयी जा सकती हैं, उसी प्रकार इन सब विभिन्न भावों के भीतर भी एक सूत्र विद्यमान है।" (देखें "ज्ञानयोग", पृष्ठ संख्या-65) ,
- "एक शब्द में वेदान्त का आदर्श है-मनुष्य के सच्चे स्वरूप को जानना।" (देखें "विवेकानन्द राष्ट्र को आह्वान", पृष्ठ सं0-48)।
- यदि हम अपने व्यक्तिगत एवं सामूहिक जीवन में वैज्ञानिक चेतना सम्पन्न एवं आध्यात्मिक एक साथ न हो पाए, तो मानवजाति का अर्थपूर्ण अस्तित्व ही संशय का विषय हो जाएगा। (विज्ञान और आध्यात्मिकता, पृष्ठ-9)
- हमेशा यूरोप से सामाजिक तथा एशिया से आध्यात्मिक शक्तियों का उद्भव होता रहा है एवं इन दोनों शक्तियों के विभिन्न प्रकार के सम्मिश्रण से ही जगत का इतिहास बना है। वर्तमान मानवेतिहास का एक और नवीन पृष्ठ धीरे-धीरे विकसित हो रहा है एवं चारो ओर उसी का चिन्ह दिखाई दे रहा है। कितनी ही नवीन योजनाओं का उद्भव तथा नाश होगा, किन्तु योग्यतम वस्तु की प्रतिष्ठा सुनिश्चित है, सत्य और शिव की अपेक्षा योग्यतम वस्तु और हो ही क्या सकती है? (पत्रावली भाग-1, पृष्ठ-310)

स्वामी विवेकानन्द के अनुसार शब्द से सृष्टि का रहस्य

01. बृहत् ब्रह्माण्ड में भी ब्रह्मा, हिरण्यगर्भ या समष्टि महत् ने पहले अपने आप को नाम के, और फिर बाद में रुप के आकार में अर्थात् इस परिदृश्यमान जगत के आकार में अभिव्यक्त किया। (भक्ति योग, पृष्ठ-44)
02. यह सारा व्यक्त इन्द्रियग्राह्य जगत रुप है, और इसके पीछे है अनन्त अव्यक्त स्फोट। स्फोट का अर्थ-समस्त जगत की अभिव्यक्ति का कारण शब्द-ब्रह्म है। समस्त नामों अर्थात् भावों की नित्य समवायी उपादान स्वरुप यह नित्य स्फोट ही वह शक्ति है, जिससे भगवान इस विश्व की सृष्टि करते हैं। यही नहीं बल्कि भगवान पहले स्फोट रुप में परिणत हो जाते हैं और तत्पश्चात् अपने को उससे भी स्थूल इस इन्द्रियग्राह्य जगत के रुप में परिणत कर लेते हैं। (भक्ति योग, पृष्ठ-45)
03. इस स्फोट का एक मात्र वाचक शब्द है-"ऊँ"। और चूँकि हम किसी भी उपाय से शब्द को भाव से अलग नहीं कर सकते, इसलिए यह "ऊँ" भी इस नित्य स्फोट से नित्य संयुक्त है। (भक्ति योग, पृष्ठ-45)
04. एकमेव यह "ऊँ" ही इस प्रकार सर्वभावाव्यापी वाचक शब्द है, अन्य कोई भी इसके समान नहीं। स्फोट ही सारे भावों का उपादान है, फिर भी वह स्वयं पूर्ण रुप से विकसित कोई विशिष्ट भाव नहीं है। अर्थात् यदि उन सब भेदों को, जो एक भाव को दूसरे से अलग करते हैं, निकाल दिया जाय, तो जो कुछ बचा रहता है, वही स्फोट है। इसलिए इस स्फोट को "नादब्रह्म" कहते हैं। (भक्ति योग, पृष्ठ-45)
05. जो वाचक शब्द उसे सब से कम विशेषभावापन्न करेगा, पर साथ ही उसके स्वरुप को यथासम्भव पूरी तरह प्रकाशित करेगा, वही उसका सबसे सच्चा वाचक होगा। और यह वाचक शब्द है-एकमात्र "ऊँ" क्योंकि ये तीनों अक्षर अ, उ और म्, जिनका एक साथ उच्चारण करने से "ऊँ" होता है, समान शब्दों के साधारण वाचक के तौर पर लिये जा सकते हैं। (भक्ति योग पृष्ठ, पृष्ठ-46)
06. अक्षर "अ" सारे अक्षरों में सबसे कम विशेषभावापन्न है। इसीलिए भगवान श्रीकृष्ण गीता में कहते हैं-"अक्षरों में मैं "अ" कार हूँ। " (गीता,10/33) स्पष्ट रुप से उच्चारित जितने भी शब्द हैं, उनकी उच्चारण क्रिया मुख में जिह्वा के मूल से आरम्भ होती है और ओठों में आकर समाप्त हो जाती है। "अ" जिह्वा मूल अर्थात् कण्ठ से उच्चारित होता है, और "म" ओठों से होने वाला अन्तिम शब्द है। और "उ" उस शक्ति का सूचक है, जो जिह्वा मूल से आरम्भ होकर मुँह भर में लुढ़कती हुई ओठों में आकर समाप्त हो जाती है। यदि "ऊँ" का उच्चारण ठीक ढंग से किया जाय, तो इसके शब्दोच्चारण की सम्पूर्ण क्रिया सम्पन्न हो जाती है-दूसरे किसी भी शब्द में यह शक्ति नहीं। (भक्ति योग, पृष्ठ-46)
07. जिस प्रकार अल्पतम् विशेष भावात्मक तथा सार्वभौमिक वाचक शब्द "ऊँ" के सम्बन्ध में वाच्य और वाचक आपस में अभेद्य रुप से सम्बद्ध हैं उसी प्रकार वाच्य और वाचक का यह अविच्छिन्न सम्बन्ध भगवान और विश्व के विभिन्न खण्ड भावों पर भी लागू है, अतएव उनमें से प्रत्येक का एक विशिष्ट वाचक शब्द होना आवश्यक है। (भक्ति योग, पृष्ठ-47)
08. ये वाचक शब्द ऋषियों की गम्भीरतम आध्यात्मिक अनुभूति से उत्पन्न हुए हैं और वे भगवान तथा विश्व के जिन विशेष-विशेष खण्ड भाव के वाचक हैं, उन विशेष भावों को यथासम्भव प्रकाशित करते हैं। जिस प्रकार "ऊँ" अखण्ड ब्रह्म का वाचक है, उसी प्रकार अन्यान्य मंत्र भी उसी परम पुरुष के खण्ड-खण्ड भावों के वाचक हैं। ये सभी ईश्वर के ध्यान और प्रकृत ज्ञान की प्राप्ति में सहायक हैं। (भक्ति योग, पृष्ठ-47)
09. सृष्टि के पूर्व ब्रह्म शब्दात्मक बनते है, फिर ओंकारात्मक या नादात्मक होते है। तत्पश्चात पहले कल्पों के विशेष शब्द जैसे-भूः, भुवः, स्व-अथवा गो, मानव, घट, पट इत्यादि का प्रकाश उसी आंेकार से होता है। सिद्ध संकल्प ब्रह्म में क्रमश-एक-एक शब्द के होते ही उसी क्षण उन सब पदार्थो का भी प्रकाश हो जाता है और इस विचित्र जगत् का विकास हो उठता है। अब समझे न कि कैसे शब्द ही सृष्टि का मूल है। -स्वामी विवेकानन्द (विवेकानन्द जी के संग में पृष्ठ-62)
10. यह सारा व्यक्त इन्द्रिय ग्राह्य जगत रूप है, और इसके पीछे है अनन्त अव्यक्त स्फोट। स्फोट का अर्थ-समस्त जगत की अभिव्यक्ति का कारण शब्द-ब्रह्म। समस्त नामों अर्थात् भावों की नित्य समवायी उपादान स्वरूप यह नित्य स्फोट ही वह शक्ति है, जिससे भगवान इस विश्व की सृष्टि करते है। यही नहीं बल्कि भगवान पहले स्फोट-रूप में परिणत हो जाते है और तत्पश्चात अपने को उससे भी स्थूल इस इन्द्रिय ग्राह्य जगत् के रूप में परिणत कर लेते है। -स्वामी विवेकानन्द (राजयोग-पृष्ठ-45)

आचार्य रजनीश"ओशो" का कहना था-

- "श्रीकृष्ण का महत्व अतीत के लिए कम भविष्य के लिए ज्यादा है। सच ऐसा है कि कृष्ण अपने समय से कम से कम पाँच हजार वर्ष पहले पैदा हुये। सभी महत्वपूर्ण व्यक्ति अपने समय से पहले पैदा होते हैं और

सभी गैर महत्वपूर्ण व्यक्ति अपने समय के बाद पैदा होते हैं। बस महत्वपूर्ण और गैर महत्वपूर्ण में इतना फर्क है और सभी साधारण व्यक्ति अपने समय के साथ पैदा होते हैं महत्वपूर्ण व्यक्ति को समझना आसान नहीं होता। उसका वर्तमान और अतीत उसे समझने में असमर्थता अनुभव करता है जब हम समझने योग्य नहीं हो पाते तब हम उसकी पूजा शुरु कर देते हैं या तो हम उसका विरोध करते हैं। दोनों पूजाएं हैं एक मित्र की एक शत्रु की।"

- उसके लिए सब हंसी खेल है, सब लीला है। इसलिए हमने कृष्ण को पूर्णावतार कहा। राम गम्भीर हैं छोटी-छोटी बात का हिसाब रखते हैं। नियम मर्यादा से चलते हैं- मर्यादा पुरूषोत्तम हैं। कृष्ण अमर्याद हैं न कोई नियम है न कोई मर्यादा। कृष्ण के लिए जीवन लीला है।
- धर्म कोई विषय थोड़े ही है। धर्म की कोई सीमा थोड़े ही है। धर्म तो समस्त जीवन का नाम है। जीवन में जो कुछ भी समाविष्ट है, धर्म उस सभी के सम्बन्ध में वक्तव्य देने का हकदार है। राजनीतिज्ञ, धर्म के सम्बन्ध में वक्तव्य नहीं दे सकता क्योंकि राजनीति की सीमा है। लेकिन धार्मिक व्यक्ति, राजनीति के सम्बन्ध में वक्तव्य दे सकता है क्योंकि धर्म की कोई सीमा नही है धर्म असीम है, धर्म तो पूरे जीवन को घेरता है जैसे आकाश घेरता है। धर्म से तो कोई भी चीज छोड़ी नहीं जा सकती। धार्मिक व्यक्ति की दृष्टि तो सब सम्बन्धों में होगी।
- जो एक गुरू बोल रहा है, वह अनन्त सिद्धों की वाणी है। अभिव्यक्ति में भेद होगा, शब्द अलग होंगे, प्रतीक अलग होंगे मगर जो एक सिद्ध बोलता है, वह सभी सिद्धों की वाणी है। इनसे अन्यथा नहीं हो सकता है। इसलिए जिसने एक सिद्ध को पा लिया, उसने सारे सिद्धों की परम्परा को पा लिया। क्योंकि उनका सूत्र एक ही है। कुंजी तो एक ही है, जिसमें ताला खुलता है अस्तित्व का।
- "इस देश को कुछ बाते समझनी होगी। एक तो इस देश को यह बात समझनी होगी कि तुम्हारी परेशानियों, तुम्हारी गरीबी, तुम्हारी मुसीबतों, तुम्हारी दीनता के बहुत कुछ कारण तुम्हारे अंध विश्वासों में है, भारत कम से कम डेढ़ हजार साल पिछे घिसट रहा है। ये डेढ़ हजार साल पूरे होने जरूरी है। भारत को खिंचकर आधुनिक बनाना जरूरी है। मेरी उत्सुकता है कि इस देश का सौभाग्य खुले, यह देश भी खुशहाल हो, यह देश भी समृद्ध हो। क्योंकि समृद्ध हो यह देश तो फिर राम की धुन गुंजे, समृद्ध हो यह देश तो फिर लोग गीत गाँये, प्रभु की प्रार्थना करें। समृद्ध हो यह देश तो मंदिर की घंटिया फिर बजे, पूजा के थाल फिर सजे। समृद्ध हो यह देश तो फिर बाँसुरी बजे कृष्ण की, फिर रास रचे! यह दीन दरिद्र देश, अभी तुम इसमें कृष्ण को भी ले आओंगे तो राधा कहाँ पाओगे नाचनेवाली? अभी तुम कृष्ण को भी ले आओगे, तो कृष्ण बड़ी मुश्किल में पड़ जायेंगे, माखन कहाँ चुरायेगें? माखन है कहाँ? दूध दही की मटकिया कैसे तोड़ोगे? दूध दही की कहाँ, पानी तक की मटकिया मुश्किल है। नलों पर इतनी भीड़ है! और एक आध गोपी की मटकी फोड़ दी, जो नल से पानी भरकर लौट रही थी, तो पुलिस में रिपोर्ट दर्ज करा देगी कृष्ण की, तीन बजे रात से पानी भरने खड़ी थी नौ बजते बजते पानी भर पायी और इन सज्जन ने कंकड़ी मार दी। धर्म का जन्म होता है जब देश समृद्ध होता है। धर्म समृद्ध की सुवास है। तो मैं जरूर चाहता हूँ यह देश सौभाग्यशाली हो लेकिन सबसे बड़ी अड़चन इसी देश की मान्यताएं है। इसलिए मैं तुमसे लड़ रहा हूँ। तुम्हारे लिए।"

व्यक्ति-समाज-राज्य-विश्व की आवश्यकता, भविष्यवक्ताओं की भविष्यवाणीयां, ग्रहों के चालों, सूर्य व चन्द्र ग्रहण, सामाजिक-राजनीतिक विचारकों के विचार-सपनें-उम्मीद इत्यादि युग परिवर्तन की ओर दिशा निर्देश कर रहीं हैं। ऐसे में सृष्टि के लिए सार्वभौम सर्वोच्च अन्तिम अर्थों वाले शब्दों (जिसकी सूची अगले पृष्ठ पर दी गई है।) **पर चर्चा ही एक मात्र युग परिवर्तन का मार्ग है।**

वे सार्वभौम एकात्म शब्द जिसके बिना युग परिवर्तन सम्भव नहीं (सर्वोच्च, अन्तिम और दृश्य)

क्र.सं. विषय क्षेत्र	सम्बन्धित क्षेत्र से मुख्य नाम
01. विश्व क्षेत्र	विश्व संविधान / साहित्य / विचार / सिद्धान्त / प्रबन्ध / दर्शन / मत / मानव / एकता / शान्ति / विकास / स्थिरता / आत्मा / अभिनेता / बुद्धि / राजनीति / क्रांति
02. राज्य क्षेत्र	विश्व (राष्ट्र) ऐजेण्डा–2012+ (WORLD NATION AGENDA-2012+) विश्व व्यवस्था का अधिकतम एवं न्यूनतम साझा कार्यक्रम
03. समाज क्षेत्र	लोक / गण / जन ऐजेण्डा–2012+ (PUBLIC AGENDA-2000+)
04. धर्म क्षेत्र	वेदान्त धर्म स्थापना
05. साहित्य क्षेत्र	विश्व साहित्य–"विश्वभारत" समाहित "विश्वशास्त्र" साहित्य– आदर्श वैश्विक व्यक्ति चरित्र कथा साहित्य
06. सामाज शास्त्र	मानक / जन / गण / लोक शास्त्र
07. धर्मशास्त्र	धर्मयुक्त नाम – कर्मवेदः प्रथम, अन्तिम और पंचम वेद और आधारित उपनिषद् (व्यष्टि एवं समष्टि) सर्वधर्मसमभाव / धर्मनिरपेक्ष नाम – मन की गुणवत्ता का विश्व मानक : शून्य श्रृंखला (व्यष्टि एवं समष्टि)
08. मानक क्षेत्र	मन की गुणवत्ता का विश्व मानक : शून्य श्रृंखला
09. अदृश्य विज्ञान	दृश्य आध्यात्म विज्ञान
10. दृश्य विज्ञान	धर्म विज्ञान या एकात्म विज्ञान (Integration Science)
11. इंजीनियरिंग	सत्य सामाजिक अभियंत्रण (Real Social Engineering)
12. तकनीकी	सत्य सामाजिक तकनीकी (Real Social Technology) : WCM-TLM-SHYAM.C Technology
13. संविधान	विवादमुक्त तन्त्रों पर आधारित संविधान
14. राजनीति	सत्य राजनीति / राजनीति–2012+ (POLITICS-2012+)
15. संगठन	विश्व राजनीतिक पार्टी संघ (World Political Party Organisation- WPPO)
16. शिक्षा	पूर्णज्ञान / पूर्ण शिक्षा प्रणाली / शिक्षा -2012+ (EDUCATION-2012+)
17. राष्ट्र सम्बन्ध	आदर्श राष्ट्रीय नागरिक
18. वेदान्त	कर्म वेदान्त : वेदान्त की अन्तिम शाखा
19. मतवाद	एकात्म कर्मवाद : एकात्म मानवतावाद का व्यावहारिक रुप
20. दार्शनिक	विकास दर्शन (Development Philosophy)
21. क्रांति	संपूर्ण क्रांति (Complete Revolution) : प्रलय, स्थिति एवं सृष्टि
22. सांस्कृतिक	भोगेश्वरः भोग (पाश्चात्य) + ईश्वर (प्राच्य) = एकात्म या ईश्वरत्व भाव से भोग
23. मन	विश्व मन (WOLD MIND)
24. मानव	विश्वमानव (विश्वमन से युक्त)
25. मनु	8वें मनु – सावर्णि मनु
26. अवतार	भगवान विष्णु के 10वें और अन्तिम तथा भगवान शंकर के 22वें और अन्तिम संयुक्तावतार (निष्कलंक कल्कि एवं भोगेश्वर)
27. निराकार ब्रह्म	सार्वभौम सत्य–सिद्धान्त (UNIVERSAL TRUTH-THEORY) : विश्व–बन्धुत्व का सिद्धान्त
28. साकार ब्रह्म	लव कुश सिंह
29. पुनर्जन्म–सत् मार्ग से	बुड्ढा कृष्ण (कृष्ण भाग – 2 और अन्तिम) – कृष्ण की अगली और अन्तिम कड़ी
30. पुनर्जन्म–रज मार्ग से	स्वामी विवेकानन्द का पुनर्जन्म
31. पुनर्जन्म–तम मार्ग से	रावण की अगली कड़ी
32. आत्मा	दृश्य विश्वात्मा / शिव / ब्रह्म / मैं
33. अभिनय	वास्तविक जीवन का अभिनेता (Real Life Actor)
34. बम	ज्ञान बम – आध्यात्मिक न्यूट्रान बम
35. अस्त्र	अनियन्त्रित पशुपास्त्र (नारायणास्त्र या सु–दर्शन चक्र व ब्रह्मास्त्र समाहित)
36. माया	योग माया समाहित भोगमाया
37. ज्ञान	एकात्म कर्मज्ञान (शास्वत) : व्यष्टि एवं समष्टि
38. बुद्धि	विश्व बुद्धि व चेतना या सत्य चेतना : पूर्व व्यक्त सत्य चेतना
39. ध्यान व योग	दृश्य सत्य–क्रियाकलाप–एकात्म योग व ध्यान (अन्तिम योग व अन्तिम ध्यान)
40. मिशन	प्राकृतिक सत्य मिशन (Natural Truth Mission)–सर्वोच्च और अन्तिम मिशन
41. धार्मिक नगर	एकात्म काशी– जीवनदायिनी सत्यकाशी : पंचम, अन्तिम तथा सप्तम काशी
42. शक्ति	आत्मशक्ति (SPIRIT POWER),मस्तिष्क शक्ति (BRAIN POWER), मन शक्ति (MIND POWER),सत्य शक्ति (TRUTH POWER)
43. जीवन कथा	विश्वमानव लीला / दर्पण : दो विपरीत दिशाओं के साथ प्रथम एवं अन्तिम कथा
44. प्रेम और कर्म	शास्वत प्रेम और कर्म
45. समन्वय	अन्तिम समन्वय–सिद्धान्त
46. आचार्य	अन्तिम समन्वयाचार्य
47. कला	विश्वमानव कला (कृष्ण कला समाहित)
48. परिचालन प्रणाली	अवतार का परिचालन प्रणाली : मानव–10 (Avatar's Operating System-AOS : Human-10)
49. शंकराचार्य पीठ	सत्यकाशी पीठ : पंचम और अन्तिम शंकराचार्य पीठ

भाग-5

केन्द्र या मध्य (भारत) में पांचवां और अन्तिम सत्यकाशी पीठ

सत्यकाशी पीठ: स्थान

सत्यकाशी पीठ: इतिहास और उद्देश्य

पाँचवाँ और अंतिम शंकराचार्य पीठ: इसकी विशेषता

"हिन्दू धर्म की जो पकड़ थी, वह इस समय कमजोर पड़ गयी है क्योंकि भारतीय स्वतंत्रता आन्दोलन के समय से राजनेताओं का वर्चस्व बढ़ा और उन्होंने धर्म रक्षकों को दबा दिया, जिसके परिणामस्वरूप 163 साल तक शंकराचार्य की पदवी खाली रही। इसलिए आवश्यक है कि शिक्षा के क्षेत्र में धर्म की स्थापना हो। स्वस्थ एवं श्रेष्ठ साहित्य का सृजन हो। महापुरूषों को घूम-घूम कर सनातन धर्म का प्रचार-प्रसार करना चाहिए जिससे लोगों के हृदय में भारतीय धर्म-शास्त्र के प्रति आस्था-विश्वास बढ़े।"

- स्वामी स्वरूपानन्द (द्वारिका पीठाधीश्वर जगद्गुरू शंकराचार्य)
साभार - दैनिक आज, समाचार पत्र, वाराणसी, दि0 10-5-1997

स्पष्टिकरण

सत्य से सार्वभौम सत्य-सिद्धान्त तक का मार्ग अवतारों का मार्ग है। सार्वभौम सत्य-सिद्धान्त की अनुभूति ही अवतरण है। इसके अंश अनुभूति को अंश अवतार तथा पूर्ण अनुभूति को पूर्ण अवतार कहते है। ग्रन्थों में अवतारों की कई कोटि बतायी गई है जैसे अंशाशावतार, अंशावतार, आवेशावतार, कलावतार, नित्यावतार, युगावतार इत्यादि, जो भी सार्वभौम सत्य-सिद्धान्त को व्यक्त करता है वे सभी अवतार कहलाते हैं। व्यक्ति से लेकर समाज के सर्वोच्च स्तर तक सार्वभौम सत्य-सिद्धान्त को व्यक्त करने के क्रम में ही विभिन्न कोटि के अवतार स्तरबद्ध होते हैं। अवतार मानव मात्र के लिए ही कर्म करते हैं न कि किसी विशेष मानव समूह या सम्प्रदाय के लिए। अवतार, धर्म, धर्मनिरपेक्ष व सर्वधर्मसमभाव से युक्त अर्थात एकात्म से युक्त होते है। इस प्रकार अवतार से उत्पन्न शास्त्र मानव के लिए होते हैं, न कि किसी विशेष मानव समूह के लिए। उत्प्रेरक, शासक और मार्गदर्शक आत्मा सर्वव्यापी है। इसलिए एकात्म का अर्थ संयुक्त आत्मा या सार्वजनिक आत्मा है। अवतारों के प्रत्यक्ष और प्रेरक दो कार्य विधि हैं। प्रत्यक्ष अवतार वे होते हैं जो स्वयं अपनी शक्ति का प्रत्यक्ष प्रयोग कर समाज का सत्यीकरण करते हैं। यह कार्य विधि समाज में उस समय प्रयोग होता है जब अधर्म का नेतृत्व एक या कुछ मानवों पर केन्द्रित होता है। प्रेरक अवतार वे होते हैं जो स्वयं अपनी शक्ति का अप्रत्यक्ष प्रयोग कर समाज का सत्यीकरण जनता एवं नेतृत्वकर्ता के माध्यम से करते हैं। यह कार्य विधि समाज में उस समय प्रयोग होता है जब समाज में अधर्म का नेतृत्व अनेक मानवों और नेतृत्वकर्ताओं पर केन्द्रित होता है।

इन विधियों में से कुल दस अवतारों में से प्रथम सात (मत्स्य, कूर्म, वाराह, नृसिंह, वामन, परशुराम, राम) अवतारों ने समाज का सत्यीकरण प्रत्यक्ष विधि के प्रयोग द्वारा किया था। आठवें अवतार (श्रीकृष्ण) ने दोनों विधियों प्रत्यक्ष ओर प्रेरक का प्रयोग किया था। नवें (भगवान बुद्ध) और अन्तिम दसवें अवतार की कार्य विधि प्रेरक ही है।

सनातन अद्वैत दर्शन के अनुसार यह जगत ही ईश्वर का दृश्य रूप है। ऐसे में सभी ईश्वर हैं। सभी ईश्वर के बहुरूप हैं और सभी में प्रकाशित वही ईश्वरीय सत्ता है। सार्वभौम एकात्म की ओर ले जाने वाले सभी प्रक्षेपित

मानक चरित्र सनातन हैं जैसे ब्रह्मा परिवार, विष्णु परिवार और महेश परिवार। इस सार्वभौम एकात्म की ओर विचार व्यक्त करने वाला अर्थात उसी का प्रचार-प्रसार व स्थापना करने वाला युगावतार तो नहीं हो सकता लेकिन वह अवतार अवश्य होता है क्योंकि उसने भी उस सार्वभौम सत्य-सिद्धान्त का साक्षात्कार किया है।

ईश्वर के मानवीयकरण व मानव के ईश्वरीयकरण के लिए आपके भौतिक शरीर से व्यक्त विश्वात्मा की इच्छा को धर्म क्षेत्र से नाम कर्मवेदः प्रथम, अन्तिम तथा पंचम वेद एवं धर्मनिरपेक्ष क्षेत्र से मन का विश्वमानकः शून्य श्रृंखला समाहित "विश्वशास्त्र-द ना ॅलेज आ ॅफ फाइनल ना ॅलेज" के रूप में पूर्ण किया जा चुका है। जिसमें पुराणों का धर्मनिरपेक्ष और सर्वधर्मसमभाव रूप भी सम्पूर्ण मानव जाति को स्पष्ट दृष्टिगत होगा। परिणामस्वरूप भारतीय धर्म शास्त्रों के प्रति विश्वव्यापी आस्था बढ़ना स्वाभाविक है। साथ ही अनेक सत्य-साहित्यों की रचना के लिए भी मार्ग प्रशस्त और रचना कर दिये गये हैं।

तीनों देवताओं ब्रह्मा, विष्णु और शिव-शंकर के मूल गुणों के आधार पर उनके वास्तविक रुप अर्थात् चार वेदों को व्यक्त करने वाले चार मुखों से युक्त सृष्टिकर्ता ब्रह्मा का रुप, चार भुजाओं से युक्त पालनकर्ता विष्णु का रुप तथा ब्रह्मा और विष्णु समाहित पाँचों वेदों को व्यक्त करने वाले पाँच मुखों से युक्त कल्याणकर्ता शिव-शंकर का अन्तिम रुप, तीनों देवताओं का दिव्यरुप कहलाता है। इसी अनुसार शिव-शंकर के अवतार ही केवल पंचमुखी होते हैं। इसी क्रम में पंचमुखी हनुमान और वेद माता मां गायत्री को भी दिखाया गया है। इस अनुसार पांचवें वेद और पांचवें शंकराचार्य पीठ की स्थापना ही युग परिवर्तन की प्रक्रिया का आरम्भ और सनातन विश्व की ओर कदम है।

व्यक्ति-समाज-राज्य-विश्व की आवश्यकता, भविष्यवक्ताओं की भविष्यवाणीयां, ग्रहों के चालों, सूर्य व चन्द्र ग्रहण, सामाजिक-राजनीतिक विचारकों के विचार-सपनें-उम्मीद इत्यादि युग परिवर्तन की ओर दिशा निर्देश कर रहीं हैं। ऐसे में सृष्टि के लिए सार्वभौम सर्वोच्च अन्तिम अर्थों वाले शब्दों पर चर्चा ही एक मात्र युग परिवर्तन का मार्ग है।

आविष्कार उपयोगी होता है, आविष्कारक नहीं। रचना अधिक समय तक रहती है रचनाकार अदृश्य हो जाता है और रचना के आधार पर अन्य रचना भी होती रहती है।

सनातन विश्व के लिए समस्त प्रक्रिया 150 पुस्तकों के रूप में वेबसाइट

www.64inch.com

पर उपलब्ध है और कार्य समाप्त होता है। व्यक्ति और नेतृत्वकर्ता

अपने धर्म

का पालन करें, समाधान उपलब्ध हो चुका है।

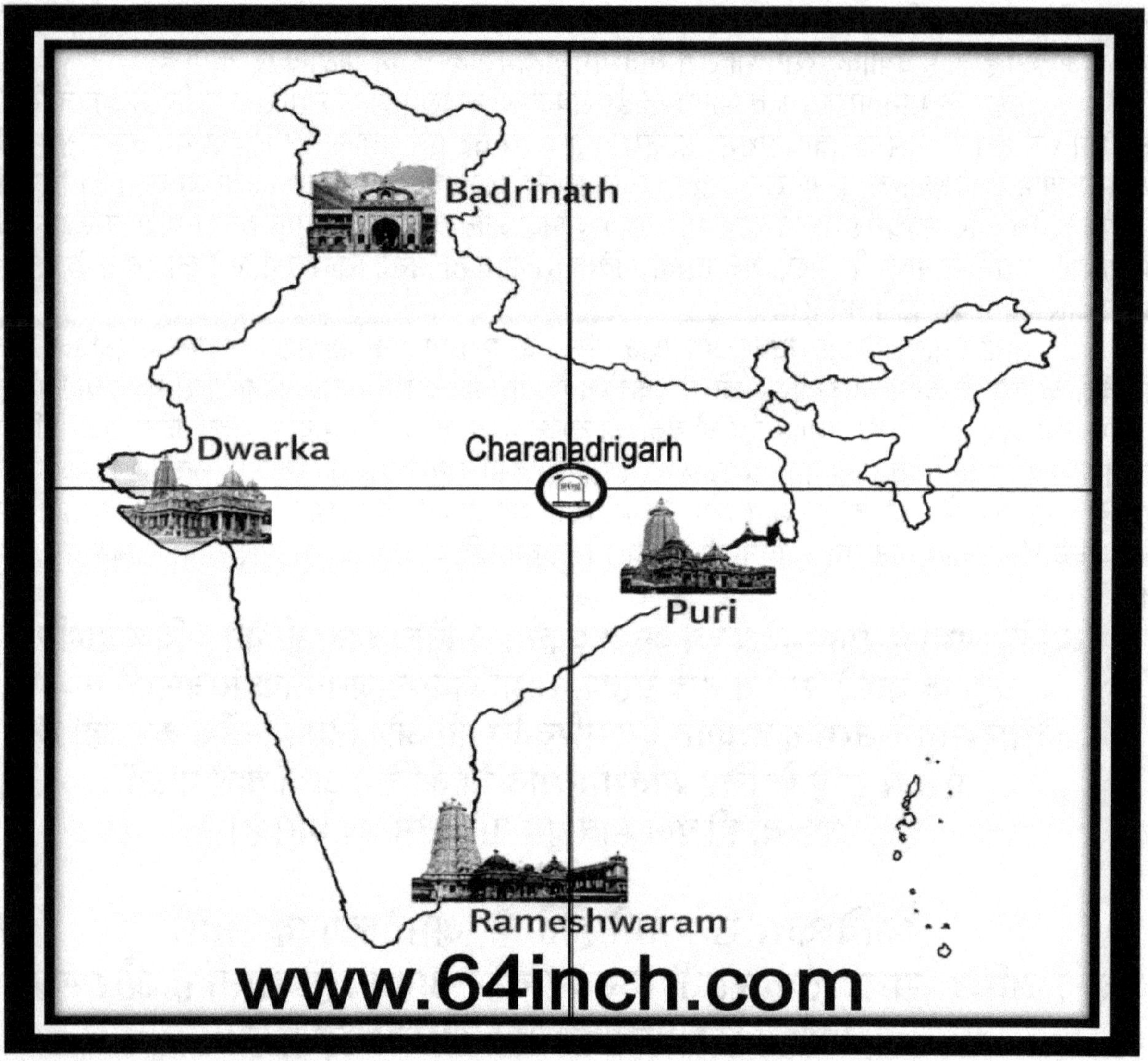

दिशा	पीठ का नाम/ स्थान	उद्देश्य	संबंधित वेद	महावाक्य	तत्व
उत्तर	बदरी ज्योतिर्मठ पीठ उत्तराखंड, जोशीमठ	ज्ञान और विवेक	अथर्ववेद	अयमात्मा ब्रह्म (यह आत्मा ब्रह्म है)	वायु
दक्षिण	श्रींगेरी शारदा पीठ कर्नाटक, श्रींगेरी	स्थिरता और परंपरा	यजुर्वेद	अहम् ब्रह्मास्मि (मैं ब्रह्म हूँ)	पृथ्वी
पूर्व	पुरी गोवर्धनमठ पीठ ओडिशा, पुरी	भक्ति और समर्पण	ऋग्वेद	प्रज्ञानं ब्रह्म (चेतना ब्रह्म है)	जल
पश्चिम	द्वारका शारदा पीठ गुजरात, द्वारका	कर्म और संकल्प	सामवेद	तत्त्वमसि (तू ब्रह्म है)	अग्नि
केन्द्र या मध्य	सत्यकाशी पीठ उत्तर प्रदेश, चरणाद्रिगढ़	चेतना और एकत्व	कर्मवेद	सर्वे ब्रह्म (सभी ब्रह्म हैं)	आकाश

क्षिति, जल, पावक, गगन, समीरा। पंच तत्व मिलि बनेहु शरीरा ।।

सत्यकाशी पीठ: स्थान

मानव जीवन की यात्रा को हम चार स्तरों में देख सकते हैं - **संभल (Shambhal), संभला (Shambhala), ज्ञानगंज (Gyanganj) और संगरीला (Sangrila)**

संभल (Shambhal) को हम भौतिक जगत का प्रतीक मान सकते हैं। यह धरती पर बसा हुआ वास्तविक नगर है, जहाँ लोग रहते हैं, संघर्ष करते हैं और जीवन की यात्रा करते हैं। धार्मिक मान्यता के अनुसार यहाँ भविष्य में कल्कि अवतार का जन्म होगा। इसका अर्थ यह भी है कि संभल हमें यह याद दिलाता है कि परिवर्तन और नवजागरण हमेशा इसी सांसारिक धरती से प्रारंभ होता है।

संभला (Shambhala) आध्यात्मिक जगत का प्रतीक है। यह उस आदर्श समाज और चेतना की ओर संकेत करता है, जहाँ धर्म, करुणा और सत्य का शासन है। बौद्ध ग्रंथों में इसे एक अदृश्य, पवित्र राज्य बताया गया है। इसका दार्शनिक अर्थ यह है कि हर मनुष्य के भीतर एक संभला है - एक ऐसा क्षेत्र जहाँ शांति, संतुलन और धर्म की शक्ति हमेशा जीवित रहती है। यह हमारे भीतर के आदर्श और परम लक्ष्य का रूप है।

ज्ञानगंज (Gyanganj) गूढ़ और रहस्यमय चेतना का प्रतीक है। यह वह क्षेत्र है, जहाँ अमर योगी और सिद्ध रहते हैं, और जो साधारण दृष्टि से छिपा हुआ है। इसका अर्थ यह है कि सत्य और सर्वोच्च ज्ञान कभी सतही रूप में उपलब्ध नहीं होते, बल्कि गहन साधना और आंतरिक परिवर्तन से ही प्राप्त किए जा सकते हैं। ज्ञानगंज हमें यह सिखाता है कि परम सत्य अदृश्य है, परंतु साधना से प्रकट हो सकता है।

इस प्रकार, ये चारों स्तर - **भौतिक, आध्यात्मिक, गूढ़ और आदर्श** - मानव जीवन और चेतना की समग्र यात्रा का प्रतिनिधित्व करते हैं, जहाँ साधना, अनुभव और ज्ञान मिलकर आत्मा को पूर्णता की ओर ले जाते हैं।

इस प्रकार, इन तीनों को मिलाकर देखा जाए तो:

- **संभल** = जीवन और समाज का यथार्थ (भौतिक जगत)
- **संभला** = आदर्श और धर्म का उच्च स्वरूप (आध्यात्मिक जगत)
- **ज्ञानगंज** = रहस्यमय सत्य और अमर ज्ञान (गूढ़ जगत)

ये तीनों मिलकर मानव जीवन की पूर्ण यात्रा का संकेत देते हैं - भौतिक से आध्यात्मिक और फिर गूढ़ एवं परम सत्य तक।

संगरीला (Sangrila/Shangri-La) एक कल्पित पर्वतीय स्थल है, जिसे आदर्श समाज और शांति का प्रतीक माना जाता है। यह जगह सामान्य दृष्टि से अदृश्य या दूरस्थ मानी जाती है, जहाँ जीवन सुखमय, स्वस्थ और सामंजस्यपूर्ण होता है। दार्शनिक रूप से इसे मानव चेतना के उच्चतम स्तर, आत्मा की शांति और आदर्श जीवन का प्रतीक माना जाता है। **संगरीला (Sangrila)** का अर्थ यह भी है कि सच्ची खुशी और संतुलन केवल भीतर की यात्रा और साधना से ही प्राप्त होते हैं, बाहरी समृद्धि से नहीं।

1. **शब्द-संदर्भ में**: "Sangrila" अक्सर "Shangri-La" का रूपांतर होता है, जो कि एक कल्पित, आदर्श, रहस्यमयी और शांति-पूर्ण स्थान है।
2. **दार्शनिक/आध्यात्मिक संदर्भ में**: इसे ज्ञानगंज या संभला जैसे गूढ़ और रहस्यमयी क्षेत्रों के समान माना जा सकता है।
3. **अन्य संदर्भ**: यदि यह किसी किताब, स्थान या परियोजना का नाम है, तो उसका अलग अर्थ हो सकता है।

पीठ (Peeth) स्थापित करने की योजना

उद्देश्य और दर्शन तय करना

- पहले यह स्पष्ट करें कि पीठ का उद्देश्य क्या होगा:
    - **अद्वैत वेदांत का प्रचार**
    - **साधकों का प्रशिक्षण और मोक्ष की ओर मार्गदर्शन**
    - **धार्मिक शिक्षा, योग और ध्यान केंद्रित करना**
- पीठ का नाम "Satyakashi" इसलिए चुना गया है क्योंकि यह **सत्य और ज्ञान के प्रकाश का प्रतीक** है।

गुरु या आध्यात्मिक मार्गदर्शक

- पीठ को वैध और आध्यात्मिक मान्यता प्राप्त करने के लिए **एक योग्य गुरु या शिष्य परंपरा वाला व्यक्ति** आवश्यक है।
- गुरु का कार्य होगा:
    - **साधकों का प्रशिक्षण**
    - **धर्म और वेदांत का प्रचार**
    - **पीठ की प्रतिष्ठा बनाना**

स्थान और इमारत का चयन

- स्थान चुनते समय ध्यान दें:
    - **शांत और आध्यात्मिक वातावरण**
    - **साधकों के लिए आवास और साधना स्थल**
    - **भक्तों और पर्यटकों के आने-जाने की सुविधा**
- इमारत में हो सकते हैं:
    - मुख्य मंदिर / पूजा स्थल
    - ध्यान और साधना कक्ष
    - वेदांत शिक्षण कक्ष
    - गुरुकुल या आश्रम

धार्मिक और आध्यात्मिक गतिविधियाँ

- नियमित क्रियाएँ:

    - **साधना, ध्यान और कीर्तन**
    - **वेदांत और शास्त्र अध्ययन**
    - **धार्मिक कार्यशालाएँ और प्रवचन**
- विशेष आयोजन:
    - **अस्थायी या वार्षिक उत्सव**
    - **अद्वैत वेदांत पर सेमिनार**
    - **साधक प्रशिक्षण शिविर**

समुदाय और साधकों का निर्माण

- पीठ केवल इमारत नहीं, **साधकों और भक्तों का केंद्र** होना चाहिए।
- इसके लिए करें:
    - सामाजिक और आध्यात्मिक गतिविधियों का आयोजन
    - साधकों के लिए निवास और शिक्षा सुविधाएँ
    - पीठ का प्रचार: पुस्तकों, वेबसाइट और सामाजिक मंचों के माध्यम से

आधिकारिक मान्यता और नेटवर्क

- भारत में शंकराचार्य परंपरा के मुख्य पीठों के साथ **संपर्क और मार्गदर्शन**।
- नए पीठ को स्थानीय प्रशासन और धार्मिक संस्थानों से **मान्यता और सहयोग** दिलाना।
- अन्य पीठों और गुरु परिषदों के साथ **संवाद और सहयोग**।

दीर्घकालीन योजना

- पीठ को स्थायी और प्रतिष्ठित बनाने के लिए:
    - नियमित साधना और शिक्षा कार्यक्रम
    - नए साधकों और भक्तों को जोड़ना
    - पीठ के **अध्यात्मिक, सामाजिक और शैक्षिक प्रभाव** को बढ़ाना

निष्कर्ष:

नया **Satyakashi Peeth** बनाया जा सकता है, लेकिन यह केवल इमारत नहीं, बल्कि **ज्ञान, साधना और आध्यात्मिक मार्गदर्शन का केंद्र** होना चाहिए। एक योग्य गुरु, साधक समुदाय और सही दृष्टिकोण इसके लिए अनिवार्य हैं।

अन्तिम अवतार कल्कि
का संभल (Shambhal), संभला (Shambhala), ज्ञानगंज (Gyanganj) और संगरीला (Sangrila) से सम्बन्ध

इसका उत्तर गहराई से समझा जाए तो यह केवल भूगोल या कथा का नहीं, बल्कि चेतना के विकास का रहस्य है।

1. संभल (Shambhal) - अवतार का धरातल

हिन्दू ग्रन्थों में कहा गया है कि **कल्कि अवतार का जन्म 'संभल' नामक स्थान पर होगा।** यह स्थान भौतिक जगत में मौजूद है - उत्तर प्रदेश का एक नगर, परंतु प्रतीक रूप से यह मानवता के भीतर जन्म लेती दिव्यता का संकेत है। जब धर्म क्षीण होता है, तब वही संभल - अर्थात् "संभलने का बिंदु" - अवतार का आधार बनता है।

संभल = पृथ्वी पर दिव्यता का उद्भव बिंदु।

2. संभला (Shambhala) - धर्मराज्य या दिव्य व्यवस्था

बौद्ध और हिन्दू दोनों परम्पराओं में **Shambhala** को धर्म का गुप्त राज्य माना गया है। बौद्ध ग्रंथ 'कालचक्र तंत्र' में कहा गया है कि जब अधर्म चरम पर होगा, तब Shambhala से एक राजा प्रकट होगा जो अधर्म का अंत करेगा - यह प्रतीक रूप से **कल्कि अवतार का ही वर्णन** है।

संभला = दिव्य शासन या धर्मराज्य, जहाँ से कल्कि की प्रेरणा उठती है।

3. ज्ञानगंज (Gyanganj) - सिद्धों का अदृश्य लोक

ज्ञानगंज को अमर योगियों का क्षेत्र कहा जाता है, जहाँ से विश्व के आध्यात्मिक प्रवाह को दिशा मिलती है। कई सिद्ध परंपराएँ मानती हैं कि कल्कि का आध्यात्मिक मार्गदर्शन इन्हीं योगियों द्वारा किया जाएगा।

ज्ञानगंज = दिव्य ऊर्जा और योगिक शक्ति का स्रोत, जहाँ से कल्कि को आत्मिक बल प्राप्त होगा।

4. संगरीला (Sangrila / Shangri-La) - आदर्श समाज या चेतना का चरम स्वरूप

संगरीला का विचार पश्चिमी और तिब्बती रहस्य परंपराओं में आता है - एक अमर, शांति-पूर्ण, आदर्श स्थान, जहाँ कोई रोग, संघर्ष या अधर्म नहीं होता। यह उस अवस्था का प्रतीक है जो **कल्कि युग के बाद की सृष्टि** होगी - अर्थात सत्ययुग का पुनर्स्थापन।

संगरीला = वह दिव्य युग या चेतना का चरम, जो कल्कि अवतार के कार्य का परिणाम है।

सारांश (संक्षेप में सम्बन्ध)

स्तर	प्रतीक	सम्बन्ध कल्कि से
संभल (Shambhal)	भौतिक जन्मभूमि	कल्कि अवतार का पृथ्वी पर अवतरण
संभला (Shambhala)	दिव्य धर्मराज्य	धर्म का पुनःस्थापन करने की शक्ति का उद्गम
ज्ञानगंज (Gyanganj)	गूढ़ योगिक लोक	कल्कि को आत्मिक दिशा और सिद्ध शक्ति का आधार
संगरीला (Sangrila)	आदर्श चेतना का युग	कल्कि कार्य का अंतिम परिणाम - पुनः सत्ययुग

अर्थात् -

संभल में कल्कि अवतरित होते हैं, संभला से उन्हें धर्म की प्रेरणा मिलती है, ज्ञानगंज से योगिक शक्ति, और संगरीला उनके कार्य का लक्ष्य है - सत्य और शांति का पुनर्स्थापन।

सत्यकाशी पीठः योग्य स्थान

इस संसार को अन्तिम सन्देश देने से पहले आपको उस क्षेत्र से परिचय कराना चाहता हूँ जिस क्षेत्र से यह सन्देश देने का साहस किया गया है क्योंकि कोई भी क्रिया बिना कारण के नहीं होती।

समस्त मूल कार्य जिस क्षेत्र से सम्पूर्ण हुआ, उस क्षेत्र को सत्यकाशी क्षेत्र कहता हूँ और जिस ग्राम का निवासी हूँ वह काशी (वाराणसी) के चौरासी कोस यात्रा तथा सत्यकाशी क्षेत्र का उभय क्षेत्र में स्थित है। इसलिए जितना काशी (वाराणसी) का हूँ उतना ही सत्यकाशी का हूँ। इस प्रकार यह सन्देश काशी-सत्यकाशी का संयुक्त सन्देश है।

सत्यकाशी क्षेत्र जो काशी (वाराणसी), विन्ध्याचल, शिवद्वार और सोनभद्र के बीच का क्षेत्र है, एक पौराणिक-आध्यात्मिक और साधना के लिए उपयुक्त क्षेत्र के रूप में प्राचीन काल से आकर्षण में रहा है। इस क्षेत्र का हृदय क्षेत्र चुनार है। चुनार का किला राजा विक्रमादित्य ने अपने भाई भर्तहरि के तपस्या में हिंसक जानवरों द्वारा व्यवधान न उत्पन्न हो इसके लिए बनवाया था। ये राजा विक्रमादित्य वही हैं जिनके नाम से विक्रम सम्वत् कैलेण्डर स्थापित है। चुनार ईश्वर के पाँचवें अवतार-वामन अवतार का क्षेत्र है जिनसे समाज की शक्ति का प्रथम जन्म हुआ था।

सत्यकाशी क्षेत्र के चारों कोण पर स्थित

1. काशी (वाराणसी) का अपना प्राचीन और पुरातन इतिहास है जो सर्वविदित है।
2. विन्ध्याचल, जो शिव-शक्ति के उपासना का अद्भुत केन्द्र है। यशोदा से उत्पन्न पुत्री (जिनके बदले श्रीकृष्ण प्राप्त हुये थे) महासरस्वती अष्टभुजा देवी के नाम से यहीं स्थापित हैं। भारत देश का मानक समय माँ विन्ध्यवासिनी धाम से तय होता है। पुराणों के अनुसार रावण ने भी इसे मानक समय स्थल मानकर यहाँ शिवलिंग की स्थापना की थी।
3. शिवद्वार, त्रिकोणीय तान्त्रिक साधना के लिए जगत विख्यात था और साधना की राजधानी था। इसे ही मीरजापुर गजेटियर में गुप्तकाशी की संज्ञा से अभिकल्पित किया गया है।
4. सोनभद्र, सोन संस्कृति की पौराणिक पृष्ठभूमि वैदिककालीन सभ्यता की पराकाष्ठापरक ऐतिहासिकता से सम्बद्ध है। सन्त परम्पराओं का एक महत्वपूर्ण परिव्रजन इस क्षेत्र में हुआ जिसमें शैव व शाक्त प्रमुख थे। शैव सम्प्रदाय से जुड़े अघोर तन्त्र ने इसे बहुत सराहा और इसे अपनी कर्मभूमि बना लिया। सोन नद के तट पर शव छेदन क्रिया की भी प्रशिक्षा आयुर्वेद के जिज्ञासुओं को दी जाती थी। शैव तन्त्र से प्रभावित अघोर तन्त्र शव-साधना में सिद्धहस्त था और शव में इकार की प्राण प्रतिष्ठा का जीवन्त रूप शिव को दे देना इनकी अलौकिक साधना का चरमोत्कर्ष है। अघोरपन्थी नाम के पश्चात् "राम" का प्रयोग करते थे। इस क्षेत्र में सवर्ण वर्ग में प्रायः ब्राह्मण वर्ग भी राम का प्रयोग अपने नाम में करता है। इस क्षेत्र में पाशुपात तन्त्र के महान साधक लोरिक का नाम विशेष है।

उपरोक्त तो अति संक्षिप्त परिचय है विस्तार से "विश्वशास्त्र" के अध्याय-दो में प्रकाशित है, जिस क्षेत्र से ये विश्व ऐतिहासिक अन्तिम, अपरिवर्तनीय और अटलनीय सन्देश देने का साहस किया गया है।

भौतिक रूप से सत्यकाशी पीठ के लिए योग्य स्थान सत्यकाशी क्षेत्र ही है। सत्यकाशी पीठ उसी अद्वैत वेदान्त पर आधारित है। जिस के आधार पर आदि शंकाराचार्य द्वारा चार पीठों की स्थापना की थी। युग परिवर्तन के लिए आदि शंकाराचार्य द्वारा स्थापित चार पीठों के वर्तमान शंकाराचार्यों का यह दायित्व है कि वे इस श्रृंखला को आगे बढ़ाते हुये धर्म के वैश्विक स्थापना के लिए आगे आयें।

सत्यकाशी पीठः इतिहास और उद्देश्य

भारत का इतिहास केवल राजाओं और युद्धों का इतिहास नहीं है,
बल्कि यह **चेतना के विकास का इतिहास** है।
हर युग में जब धर्म और राजनीति के बीच संतुलन बिगड़ता है,
तो कोई न कोई पीठ उस संतुलन को पुनर्स्थापित करने के लिए जन्म लेती है।

ऐसा ही एक अद्वितीय उदय है -
"सत्यकाशी पीठ" का,
जो मानवता के अगले अध्याय की भूमिका बन चुका है।

"जहाँ ज्ञान शासन को दिशा देता है,
वहीं शासन धर्म का साधन बन जाता है।"

काशी से सत्यकाशी तकः चेतना की यात्रा

प्राचीन काशी को "मोक्षभूमि" कहा गया,
क्योंकि वहाँ ज्ञान और मृत्यु - दोनों के रहस्य सिखाए जाते थे।
पर सत्यकाशी - ज्ञान का अगला आयाम है।
यह मृत्यु से मुक्ति नहीं, बल्कि **अज्ञान से मुक्ति** की भूमि है।

तीन चरणों में यह यात्रा समझी जा सकती है:

1. **काशी** - व्यक्तिगत मुक्ति का केंद्र।
2. **महाकाशी** - सार्वभौमिक चेतना का केंद्र।
3. **सत्यकाशी** - वैश्विक एकत्व और अद्वैत शासन का केंद्र।

"काशी आत्मा की दीक्षा है,
सत्यकाशी आत्मा का शासन है।"

स्थापना का उद्देश्य

सत्यकाशी पीठ का जन्म केवल धार्मिक नहीं,
बल्कि आध्यात्मिक-राजनीतिक समन्वय की आवश्यकता से हुआ।
विश्व में बढ़ती भौतिकता, असमानता, और नैतिक संकट के बीच
इस पीठ का उद्देश्य है -

1. **धर्म और शासन के बीच अद्वैत संबंध पुनः स्थापित करना।**
2. **राजनीति को आत्मा से जोड़ना।**
3. **विज्ञान, धर्म, और समाज - तीनों का एक समग्र मॉडल प्रस्तुत करना।**

इसके चार प्रमुख सूत्र:

- **धर्म = चेतना की नीति**
- **राजनीति = सेवा की क्रिया**
- **अर्थनीति = संतुलन की व्यवस्था**
- **विज्ञान = सत्य की खोज**

सत्यकाशी की परंपरा और वंश

सत्यकाशी पीठ किसी व्यक्ति द्वारा स्थापित संस्था नहीं है -
यह **ब्रह्म परंपरा का विस्तार** है।
आदि शंकराचार्य ने चार दिशाओं में चार पीठें स्थापित कीं -
पूर्व, पश्चिम, उत्तर, दक्षिण -
जो वेद, धर्म और आत्मज्ञान के केंद्र बने।

परंतु कालान्तर में जब राजनीति धर्म से अलग और धर्म समाज से अलग हुआ,
तो **पाँचवीं पीठ** की आवश्यकता पड़ी -
जो अद्वैत दर्शन को शासन की नीतियों में उतार सके।

"चार पीठों ने धर्म को जीवित रखा,
पाँचवीं पीठ उसे जीवन में उतारेगी।"

सत्यकाशी का उद्देश्य – धर्म का पुनर्निर्माण, शासन का पुनर्जागरण

आज की मानवता धर्म को या तो संप्रदाय मानती है या अनुष्ठान।
पर सत्यकाशी कहता है -

"धर्म = जीवन की वैज्ञानिक व्यवस्था।"

इस पीठ का उद्देश्य है -
धर्म को **व्यवहार में**, राजनीति को **सेवा में**,
और विज्ञान को **चेतना में** बदलना।

इसके तीन प्रमुख लक्ष्य:

1. **आध्यात्मिक शासन (Spiritual Governance):**
   जहाँ नीतियाँ करुणा और सत्य पर आधारित हों।
2. **चेतना आधारित शिक्षा (Conscious Education):**
   जहाँ बच्चों को ज्ञान नहीं, आत्मा से जोड़ने की विधि सिखाई जाए।
3. **वैश्विक समरसता (Global Oneness):**
   जहाँ राष्ट्रवाद का स्थान "मानववाद" ले ले।

सत्यकाशी और मानवता का भविष्य

सत्यकाशी केवल एक धार्मिक केंद्र नहीं,
बल्कि मानवता का भविष्य मॉडल है।

यह वह स्थान है जहाँ -

- विज्ञान और वेदांत मिलते हैं,
- राजनीति और करुणा जुड़ते हैं,
- और व्यक्ति स्वयं में "राजऋषि" बनता है।

"जब शासक साधक बन जाएगा,
तब ही पृथ्वी पर धर्मराज्य स्थापित होगा।"

निष्कर्ष

सत्यकाशी पीठ का इतिहास कोई कालखंड नहीं,
बल्कि एक **युग की उद्घोषणा** है।
यह उस समय का प्रतीक है
जब ब्रह्मज्ञान शासन का केंद्र बनेगा,
और शासन ब्रह्म की सेवा बन जाएगा।

"सत्यकाशी केवल एक स्थान नहीं -
वह चेतना की वह ज्योति है
जो युगों से अंधकार में जलती रही है।"

पाँचवाँ और अंतिम शंकराचार्य पीठः इसकी विशेषता

आदि शंकराचार्य ने चार दिशाओं में चार पीठों की स्थापना की -
उत्तर में **ज्योतिर्मठ (बद्रीनाथ)**,
दक्षिण में **श्रृंगेरी पीठ**,
पूर्व में **गौड़पीठ (पुरी)**,
और पश्चिम में **द्वारका शारदापीठ**।

इन चारों पीठों ने धर्म की लौ को जलाए रखा -
ज्ञान, भक्ति, कर्म और योग - चारों मार्गों के संतुलन से।
परंतु जैसे-जैसे युग आगे बढ़ा,
मानवता की चुनौती केवल धर्म रक्षा नहीं रही,
बल्कि **धर्म को शासन, विज्ञान और समाज में जीवित रखना** बन गई।

इसी आवश्यकता से जन्म लेता है -
पाँचवाँ और अंतिम शंकराचार्य पीठ - "सत्यकाशी पीठ।"

"चार पीठों ने धर्म को सुरक्षित रखा,
पाँचवाँ पीठ धर्म को सार्वभौमिक बना देगा।"

पाँचवाँ पीठ क्यों आवश्यक हुआ

शंकराचार्य का कार्य केवल धार्मिक पुनर्जागरण नहीं था;
वह चेतना की क्रांति थी।
उनकी परंपरा ने अद्वैत का सिद्धांत दिया -
कि **सभी भिन्नताएँ एक ही परमसत्य की लहरें हैं।**

परंतु आधुनिक युग में -

- धर्म राजनीति से अलग हुआ,
- ज्ञान आस्था से अलग हुआ,

- और मनुष्य स्वयं अपने अस्तित्व से अलग हो गया।

ऐसे समय में आवश्यक था
कि अद्वैत केवल दर्शनशास्त्र न रह जाए,
बल्कि राजनीति और जीवन का सिद्धांत बन जाए।
इसी हेतु स्थापित हुआ -
सत्यकाशी पीठ - पाँचवाँ और अंतिम शंकराचार्य पीठ।

इसकी स्थापना का प्रतीकात्मक अर्थ

चार पीठें **चार तत्वों (पृथ्वी, जल, अग्नि, वायु)** से संबंधित हैं,
जबकि पाँचवाँ पीठ **आकाश तत्व** का प्रतीक है -
अर्थात् सर्वव्यापक चेतना।

दिशा	पीठ	तत्व	उद्देश्य
पूर्व	पुरी (गौड़)	जल	भक्ति और समर्पण
पश्चिम	द्वारका	अग्नि	कर्म और संकल्प
उत्तर	ज्योतिर्मठ	वायु	ज्ञान और विवेक
दक्षिण	श्रृंगेरी	पृथ्वी	स्थिरता और परंपरा
केंद्र	**सत्यकाशी**	**आकाश**	**चेतना और एकत्व**

"आकाश सबको जोड़ता है -
उसी तरह सत्यकाशी सभी परंपराओं को एक चेतना में जोड़ता है।"

पाँचवाँ पीठ - अद्वैत का आधुनिक रूप

सत्यकाशी पीठ का लक्ष्य अद्वैत को केवल ध्यान या उपनिषद तक सीमित नहीं रखना,
बल्कि उसे शासन और समाज की नीतियों में उतारना है।

इसका सार है -
"अद्वैत शासन" = ऐसा तंत्र जहाँ आत्मा और राज्य में कोई विभाजन न हो।
यह पीठ आत्मा-केन्द्रित राजनीति का सिद्धांत प्रस्तुत करती है -
जहाँ सत्ता साधना है,
शासन सेवा है,
और नेतृत्व तप है।

सत्यकाशी पीठ की पाँच विशेषताएँ

1. अद्वैत का संस्थागत रूप

यह पीठ अद्वैत को केवल तत्वज्ञान नहीं,
बल्कि संस्थागत चेतना बनाती है।
धर्म, शिक्षा, राजनीति, अर्थ और विज्ञान -
सभी को एकसूत्र में बाँधती है।

2. राजऋषि परंपरा का पुनर्जागरण

आदर्श शासक वही है जो साधक भी हो।
सत्यकाशी इस परंपरा को पुनर्जीवित करता है -
जहाँ राज्य का मार्गदर्शन ऋषियों द्वारा होता है।

3. विज्ञान और अध्यात्म का संगम

यह पीठ "Consciousness Studies" और "Spiritual Technology"
को एक साथ लाकर मानव चेतना के विकास को वैज्ञानिक दृष्टि देती है।

4. वैश्विक धर्म - Beyond Religion

सत्यकाशी का धर्म किसी संप्रदाय का नहीं,
बल्कि "मानवता की आत्मा" का है।
यह कहता है -

"जो सत्य को खोजता है, वही सनातन है।"

5. राज्य और आत्मा का समन्वय

यह पीठ बताती है कि शासन तंत्र तभी स्थायी है
जब वह आत्मिक अनुशासन पर आधारित हो।
यह "राजनीति का आध्यात्मिकीकरण" है,
जिसे भविष्य की सभ्यता का आधार माना गया है।

"अंतिम शंकराचार्य पीठ" क्यों कहा गया

चार पीठें धर्म की दिशा का प्रतीक थीं,
पाँचवाँ पीठ **धर्म की दिशा से परे उसकी पूर्णता** का प्रतीक है।
यह अब किसी भौगोलिक क्षेत्र के लिए नहीं,
बल्कि पूरे विश्व की चेतना के लिए है।

"जब मनुष्य का धर्म मानवता होगा,
तब सत्यकाशी पाँचवाँ ही नहीं, अंतिम पीठ सिद्ध होगा।"

सत्यकाशी पीठ का दार्शनिक आधार

इस पीठ की जड़ें तीन सूत्रों पर टिकी हैं -

1. **ब्रह्म सत्यम्** - सत्य सर्वत्र है।
2. **जगत् मिथ्या** - भेद, संप्रदाय और हिंसा केवल अज्ञान की छाया हैं।
3. **जीवो ब्रह्मैव नापरः** - प्रत्येक व्यक्ति ब्रह्म का ही अंश है।

यही दर्शन राजनीति में यह रूप लेता है -

दर्शन	राजनीतिक रूप
ब्रह्म सत्यम्	राज्य का आधार सत्य और नीति
जगत मिथ्या	जाति, रंग, धर्म से ऊपर समानता
जीवो ब्रह्मैव	प्रत्येक नागरिक में दिव्यता का सम्मान

निष्कर्ष

सत्यकाशी पीठ शंकराचार्य की परंपरा का समापन नहीं,
बल्कि उसका परिपूर्ण रूप है।
यह धर्म, राजनीति, और चेतना -
तीनों के संगम से एक नया युग **आरंभ करता है।**

"पहले चार पीठों ने दिशा दी,
पाँचवें ने दिशा को प्रकाश बना दिया।"

सत्यकाशी पीठ इसलिए अंतिम है -
क्योंकि यह अद्वैत को सिद्धांत नहीं,
बल्कि जीवित अनुभव बना देता है।

भाग-6

सत्यकाशी पीठ के कार्य

धारा-उद्धारः धर्म की पुनर्स्थापना

मनुष्य चेतना का रूपांतरण

साधना, दीक्षा और आध्यात्मिक अनुष्ठान

वैश्विक कार्यः मानवता के लिए संदेश

शिव-तत्व और कल्कि-तत्व का मिलन

"सार्वभौम सत्य-सिद्धान्त" पर आधारित "युग परिवर्तन श्रृंखला" के नवयुग के शास्त्र-साहित्य

धारा-उद्धार: धर्म की पुनर्स्थापना

सत्यकाशी पीठ का प्रथम और सर्वोपरि कार्य है-**धारा-उद्धार**, अर्थात वह दिव्य धारा जो युगों से मलीन, विभ्रांत या विकृत हो चुकी है, उसे पुनः शुद्ध स्वरूप में प्रवाहित करना। "धर्म" शब्द यहाँ किसी संप्रदाय, पद्धति या विचारधारा का नाम नहीं; धर्म का अर्थ है-**जगत की अंतर्निहित समरसता, सत्य और सृष्टि-नियम**।

जब युग बदलता है, धर्म की धारा अवरुद्ध हो जाती है।
सत्य केवल ग्रंथों में रह जाता है, इसके प्रयोग का बल खो जाता है।
लोग अनुष्ठान तो करते हैं, पररस के बिना;
मंत्र तो बोलते हैं, पर अर्थ के बिना;
धर्म का नाम तो लेते हैं, पर धर्म का जीवन नहीं जीते।

सत्यकाशी पीठ इस जड़ता को तोड़ता है।

यह धारा-उद्धार तीन प्रकार से होता है:

1. सत्य-दृष्टि का पुनर्जागरण

लोगों में सत्य को पहचानने और जीने की क्षमता पुनः सक्रिय होती है।
यह क्षमता बिना किसी प्रवचन-केवल चेतना-संक्रमण से जगती है।

2. धर्म का प्रयोगशाला-रूप

सत्यकाशी पीठ धर्म को जीवन के केंद्र में स्थापित करता है।
धर्म यहाँ सिद्धांत नहीं-व्यवहार और चरित्र का प्रवाह है।

3. युग-धर्म की घोषणा

हर युग का धर्म अलग होता है।
कलियुग से सतयुग में प्रवेश के लिए जो धर्म आवश्यक है-योग, करुणा, सत्य, उच्च चेतना, मानव-एकत्व-उसका पुनःस्थापन पीठ के मुख्य कार्यों में है।

इस प्रकार, धारा-उद्धार वह बीज है जिससे नए युग की पूरी फसल अंकुरित होती है।

मनुष्य चेतना का रूपांतरण

युग परिवर्तन का मूल आधार मनुष्य की बाहरी परिस्थितियाँ नहीं-उसकी **भीतर की चेतना** है। सत्यकाशी पीठ का दूसरा मुख्य कार्य इसी रूपांतरण से जुड़ा है।

मनुष्य आज बुद्धि में प्रबल है, पर चेतना में सुप्त।
ज्ञान बहुत है, पर विवेक कम।
सूचना बहुत है, पर अनुभूति नहीं।
असंतोष बहुत है, पर दिशा नहीं।

पीठ का उद्देश्य मनुष्य को बाहरी उपलब्धियों से हटाकर भीतर की यात्रा में प्रवेश कराना है।

रूपांतरण के चार चरण

1. जागरण (Awakening)

मनुष्य स्वयं से पहला प्रश्न पूछता है-"मैं कौन हूँ?"
यह प्रश्न जन्म देता है।

2. शुद्धि (Purification)

पुराने संस्कार, भय, भ्रम और अहंकार टूटने लगते हैं।

3. विस्तार (Expansion)

चेतना शरीर-मन से आगे बढ़कर सूक्ष्म और कारण-स्तरों को अनुभव करने लगती है।

4. परिणति (Realization)

मनुष्य अपने भीतर स्थित दिव्य-सत्ता को पहचान लेता है।
यही "नया मनुष्य" है-युग परिवर्तन का वाहक।

पीठ का कार्य प्रत्येक साधक को इन चार चरणों के मार्ग से गुज़ारना है-धीरे, सहज, और सामूहिक ऊर्जा के साथ।

साधना, दीक्षा और आध्यात्मिक अनुष्ठान

हर परिवर्तन की जड़ अनुशासन और साधना है।
सत्यकाशी पीठ में साधना केवल ध्यान या मंत्र नहीं-यह एक पूर्ण जीवन-शास्त्र है।

1. साधना (Spiritual Practice)

- आंतरिक शांति
- चेतना का विस्तार
- ऊर्जा का स्थिरीकरण
- स्मृति-शोधन
- आत्म-प्रकाश

पीठ की साधना आधुनिक मन के अनुसार सरल, गहरी और प्रभावकारी है।
यह शरीर, मन, प्राण और चेतना-सभी स्तरों पर काम करती है।

2. दीक्षा (Initiation)

दीक्षा बाहरी कर्म नहीं-ऊर्जा का आंतरिक स्थानांतरण है।
यह वह क्षण है जब साधक की चेतना में युग-ऊर्जा का बीज रोपा जाता है।
यह बीज धीरे-धीरे जागता है और साधक स्वयं एक "चेतना-केंद्र" बन जाता है।

3. अनुष्ठान (Rituals)

अनुष्ठान ब्रह्मांडीय ऊर्जा को पृथ्वी पर स्थिर करने के उपकरण हैं।
सत्यकाशी पीठ में अनुष्ठान प्राचीन और आधुनिक दोनों हैं-
वे बाहरी प्रतीकों से अधिक आंतरिक परिवर्तन पर आधारित हैं।

अनुष्ठान केवल पूजा नहीं-वे प्रकाश का आह्वान हैं।

वैश्विक कार्य - मानवता के लिए संदेश

सत्यकाशी पीठ का कार्य किसी एक देश, संस्कृति या समुदाय तक सीमित नहीं।
युग परिवर्तन हमेशा वैश्विक होता है-इसलिए उसका संदेश भी वैश्विक होता है।

आज मानवता कई स्तरों पर विभाजित है-
भाषा, धर्म, राजनीति, अर्थव्यवस्था, जाति, विचार।
पर चेतना का सत्य इन सभी से ऊपर है।

सत्यकाशी पीठ का वैश्विक संदेश यही है:

1. मानव एक है

भिन्नता केवल बाहरी है; भीतर सबमें एक ही प्रकाश विद्यमान है।

2. पृथ्वी हमारा साझा आश्रम है

मानवता को पृथ्वी-चेतना के साथ सुसंगत होना होगा।

3. धर्म संघर्ष नहीं-एकता का मार्ग है

सभी पवित्र परंपराएँ एक ही सत्य के भिन्न द्वार हैं।

4. विज्ञान और अध्यात्म एक-दूसरे के पूरक हैं

दुनिया का नया युग तभी जन्म लेगा जब विज्ञान चेतना को समझेगा, और अध्यात्म विज्ञान को अपनाएगा।

5. कल्कि-ऊर्जा सार्वभौमिक है

यह ऊर्जा किसी राष्ट्र का, पंथ का, या समूह का स्वामित्व नहीं;
यह सम्पूर्ण मानवता का जन्मसिद्ध अधिकार है।

सत्यकाशी पीठ का उद्देश्य इसी संदेश को विश्व तक पहुँचाना है-शब्द, कला, ध्यान, साधना, विज्ञान और ऊर्जा के माध्यम से।

शिव-तत्व और कल्कि-तत्व का मिलन

युग परिवर्तन का अंतिम रहस्य दो महाशक्तियों के मिलन में निहित है-
शिव-तत्व और **कल्कि-तत्व**।

शिव-तत्व

संहार, मौन, तत्त्व-ज्ञान, समाधि और शून्य का प्रतिनिधि।
यह सभी रूपों का विसर्जन है-स्रोत में लौटना।

कल्कि-तत्व

नव-सृष्टि, धर्मस्थापन, ऊर्जा का उत्थान और युग-चक्र का पुनर्मूल्यांकन।
यह समय को पुनः संतुलित करने वाली शक्ति है।

दोनों का मिलन तब होता है जब:

- पुराना युग समाप्त हो रहा हो
- नया युग जन्म ले रहा हो
- पृथ्वी अपनी चेतना बदल रही हो
- मानवता परिवर्तन की पुकार कर रही हो

शिव-तत्व पुरातन को शून्य करता है,
और उसी शून्य में कल्कि-तत्व नया ब्रह्मांडीय क्रम स्थापित करता है।

सत्यकाशी पीठ इसी मिलन का केंद्र है-
जहाँ **शिव का मौन** और **कल्कि का उदय**
एक साथ कार्य करते हैं।

यही मिलन युग के नये चक्र की शुरुआत है-
यहीं से सतयुग का नया सूर्योदय होता है।

"सार्वभौम सत्य-सिद्धान्त" पर आधारित "युग परिवर्तन श्रृंखला" के नवयुग के शास्त्र-साहित्य

विभिन्न सम्प्रदाय (धर्म), जाति, मत, दर्शन इत्यादि में विभाजित इस मानव समाज में वर्तमान तथा आने वाले भविष्य के समय की मूल आवश्यकता है- मानव के मनो का एकीकरण अर्थात मानव मन का भूमण्डलीकरण एवं ब्रह्माण्डीयकरण। इसकी आवश्यकता इसलिए भी है क्योंकि मानव अपने विज्ञान व तकनीकी ज्ञान से प्राप्त संसाधनो का प्रयोग करते हुये, एक तरफ तो ब्रह्माण्ड की ओर चल पड़ा है तो दुसरी तरफ विध्वंस के लिए अनेक हथियारों का भी निर्माण कर चुका है। ऐसी स्थिति में हमें निश्चित रूप से ऐसे एकीकरण की आवश्यकता है जिससे हम इस पृथ्वी से मानसिक स्तर के विवादों को समाप्त कर सकें।

माया सभ्यता के अनुसार विश्व के मानव समाज यह भी मान रहें हैं कि 21 दिसम्बर, 2012 को दुनिया का अन्त हो जायेगा। जबकि हिन्दू धर्म शास्त्र विष्णु पुराण, भागवत पुराण, अग्नि पुराण, गरूड़ पुराण, पद्म पुराण इत्यादि में भगवान के दसवें और महाअवतार "कल्कि" का होना अभी शेष है। जिनसे कलियुग के अंधकार व विनाश को समाप्त करने का कार्य सम्पन्न होगा, साथ ही सत्ययुग का आरम्भ होगा। सिक्ख धर्म के पवित्र ग्रन्थ "दशम् ग्रन्थ" में भी "कल्कि अवतार" का वर्णन मिलता है।

सृजन और विनाश, का स्तर शारीरिक, आर्थिक व मानसिक होता है। जो एक व्यक्ति, समाज, देश और विश्व राष्ट्र के लिए होता है। व्यक्ति पर हुये शारीरिक, आर्थिक व मानसिक सृजन और विनाश को व्यक्ति ही अनुभव करता है परन्तु समाज, देश और विश्व राष्ट्र पर हुये शारीरिक, आर्थिक व मानसिक सृजन व विनाश को सार्वजनिक रूप से सभी देखते है। समाज, देश और विश्व राष्ट्र पर शारीरिक व आर्थिक सृजन और विनाश वर्तमान में तो चल ही रहा है जिसे सार्वजनिक रूप से मानव समाज देख रहा है।

भौतिकवादी पश्चिमी संस्कृति किसी भी सृजन व विनाश को मानसिक स्तर पर सोच ही नहीं सकता क्योंकि वह समस्त क्रियाकलाप को बाह्य जगत में ही घटित होता समझाता है जबकि वर्तमान समय मानसिक स्तर पर विनाश व सृजन का है। इस आधार पर यह कहा जा सकता है कि माया सभ्यता के अनुसार 21 दिसम्बर, 2012 को जो विनाश व सृजन होगा, वह मानसिक स्तर का ही होगा। जिसके परिणामस्वरूप सभी सम्प्रदाय, मत, दर्शन एक उच्च स्तर के विचार या सत्य में विलीन अर्थात विनाश को प्राप्त करेगा। फलस्वरूप उच्च स्तर के विचार या सत्य में स्थापित होने से सृजन होगा। कुल मिलाकर माया सभ्यता के कैलेण्डर का अन्त तिथि 21 दिसम्बर, 2012, दुनिया के अन्त की तिथि नहीं बल्कि वह वर्तमान युग के अन्त की अन्तिम तिथि का अनुमान है जिसके बाद नये युग का आरम्भ होगा।

ईश्वर भी इतना मूर्ख व अज्ञानी नहीं है कि वह स्वयं को इस मानव षरीर में पूर्ण व्यक्त किये बिना ही दुनिया को नष्ट कर दे। इसके सम्बन्ध में हिन्दू धर्म शास्त्रों में सृष्टि के प्रारम्भ के सम्बन्ध में कहा गया है कि- "ईश्वर ने इच्छा व्यक्त की कि मैं एक हूँ, अनेक हो जाऊँ"। इस प्रकार जब वही ईश्वर सभी में है तब निश्चित रूप से जब तक सभी मानव ईश्वर नहीं हो जाते तब तक दुनिया के अन्त होने का कोई प्रश्न ही नहीं उठता। और विकास क्रम चलता रहेगा।

21 दिसम्बर, 2012 के बाद का समय नये युग के प्रारम्भ का समय है जिसमें ज्ञान, ध्यान, चेतना, भाव, जन, देश, विश्व राष्ट्र, आध्यात्मिक जागरण, मानवता इत्यादि का विश्वव्यापी विकास होगा। परिणामस्वरूप सभी मानव को ईश्वर रूप में स्थापित होने का अवसर प्राप्त होगा। और यही विश्व मानव समाज की मूल आवश्यकता है। प्राचीन वैदिक काल में समाज को नियंत्रित करने के लिए ज्ञानार्जन सबके लिए खुला नहीं था परन्तु वर्तमान और भविष्य की आवश्यकता यह है कि समाज को नियंत्रित करने के लिए सभी को पूर्ण ज्ञान से युक्त कर सभी के लिए ज्ञान को खोल दिया जाय। यही कारण था कि वेद को प्रतीकात्मक रूप में लिख कर गुरू-शिष्य परम्परा द्वारा उसकी व्याख्या की जाती रही थी जिससे राजा और समाज को नियंत्रण में रखा जा सके।

सभी मानव को ईश्वर रूप में स्थापित होने के लिए जो माध्यम चाहिए वह है-"एकात्म विज्ञान" व "ईश्वर शास्त्र" विषय से मानव को शिक्षित करना और शिक्षा पाठ्यक्रम में अनिवार्य रूप से अध्ययन के लिए शामिल कराया जा सके।

"सार्वभौम सत्य-सिद्धांत"पर आधारित "युग परिवर्तन श्रृंखला" मानवता के अगली पीढ़ी के उदय के लिए

"नये युग" में "नये भारत" के लिए "नवीन मान-राग-प्राण" पर आधारित क्रियान्वयन प्रणाली (Operation System)-मानव-10 (MANAV-10) की पुस्तकें

यह नई पीढ़ी (Gen-Z) के लिए "विकसित भारत" और "मानव-10 प्रणाली" (MANAV-10 System) को प्रोत्साहित करने वाली श्रृंखला का हिस्सा है। अर्थात् यह पुस्तक किसी धर्म, जाति या मत से ऊपर उठकर "Universal Truth Principles" की ओर संकेत करती है।

मुद्रित (Printed Hard Copy) पुस्तक के लिए लिंक(Link)

https://notionpress.com/author/lava_kush

E_Book के लिए

www.64inch.com

द्वापर युग में आठवें अवतार श्रीकृष्ण द्वारा प्रारम्भ किया गया कार्य नवसृजन के प्रथम भाग सार्वभौम ज्ञान के शास्त्र "गीता" के बाद कलियुग में द्वितीय और अन्तिम भाग "सार्वभौम कर्मज्ञान" और "पूर्णज्ञान का पूरक शास्त्र"

विश्व युद्ध के पहले
दिव्य दृष्टि
सत्यकाशी पीठ
पांचवां और अन्तिम शंकराचार्य पीठ

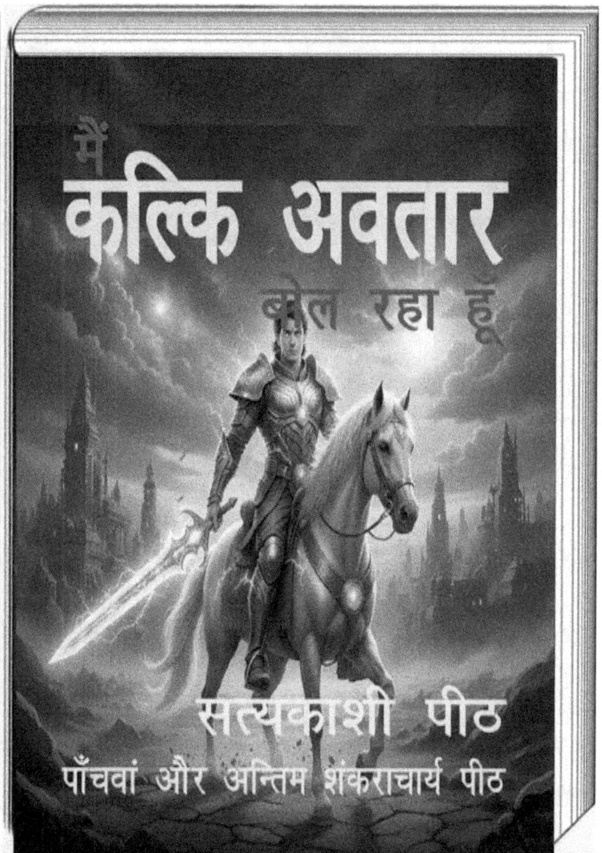
मैं
कल्कि अवतार
बोल रहा हूं
सत्यकाशी पीठ
पाँचवां और अन्तिम शंकराचार्य पीठ

समष्टि गीता
यथार्थ प्रकाश
सत्यकाशी पीठ
पाँचवां और अन्तिम शंकराचार्य पीठ

फिल्म स्क्रीप्ट
राइटिंग
IDEAS
You are the writer of your life
FRESH Ideas
Writing is designing with words
creative THINKING
LIGHTS CAMERA ACTION
Short Films.
लव कुश सिंह "विश्वमानव"

प्रारम्भिक सत्य
अन्तिम
दृष्टि
सत्यकाशी पीठ
पाँचवां और अन्तिम शंकराचार्य पीठ

सत्य धर्म
युग परिवर्तक
दृष्टि
सत्यकाशी पीठ
पाँचवां और अन्तिम शंकराचार्य पीठ

सत्य दार्शनिक-दर्शन
और
कर्म वेदान्त-विकास
दर्शन
सत्यकाशी पीठ
पाँचवां और अन्तिम शंकराचार्य पीठ

सत्य शास्त्र
एवं
पुराण रहस्य
महर्षि व्यास
कला
सत्यकाशी पीठ
पाँचवां और अन्तिम शंकराचार्य पीठ

संत एवं गुरु
और
विश्व संत एवं गुरु
सत्यकाशी पीठ
पाँचवां और अन्तिम शंकराचार्य पीठ

समाज और
ईश्वरीय समाज
सत्यकाशी पीठ
पाँचवां और अन्तिम शंकराचार्य पीठ

सत्य शास्त्र और
विश्वशास्त्र
सत्यकाशी पीठ
पाँचवां और अन्तिम शंकराचार्य पीठ

कृति
और
विश्व
कृति
सत्यकाशी पीठ
पाँचवां और अन्तिम शंकराचार्य पीठ

भारत माता मन्दिर
और
विश्वधर्म मन्दिर
सत्यकाशी पीठ
पाँचवां और अन्तिम शंकराचार्य पीठ

महाभारत
और
विश्वभारत
सत्यकाशी पीठ
पाँचवां और अन्तिम शंकराचार्य पीठ

संविधान और
विश्व संविधान
सत्यकाशी पीठ
पांचवां और अन्तिम शंकराचार्य पीठ

शिक्षा और
पूर्ण शिक्षा
सत्यकाशी पीठ

देवता और सार्वभौम देवता
कल्कि
सत्यकाशी पीठ

माँ कल्कि

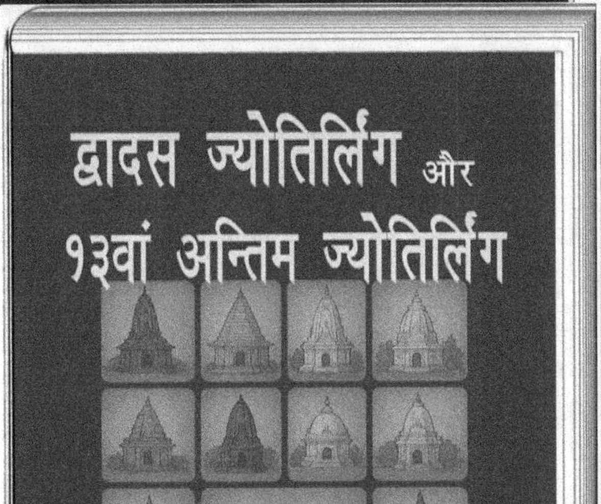
द्वादस ज्योतिर्लिंग और
१३वां अन्तिम ज्योतिर्लिंग
?
सत्यकाशी पीठ
पाँचवां और अन्तिम शंकराचार्य पीठ

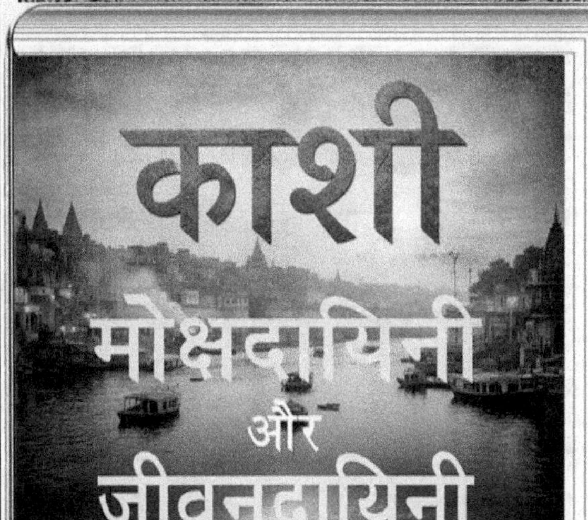
काशी
मोक्षदायिनी
और
जीवनदायिनी

सत्यकाशी
स्वर्णयुग
का
तीर्थ

काशी
रहस्योद्‌घाटन
सत्यकाशी पीठ
पांचवां और अन्तिम शंकराचार्य पीठ

2020
सत्यकाशी पीठ
पाँचवां और अन्तिम शंकराचार्य पीठ

ईश्वर
का
संक्षिप्त इतिहास
सत्यकाशी पीठ
पाँचवां और अन्तिम शंकराचार्य पीठ

अवतार
अन्तिम सत्य दृष्टि
सत्यकाशी पीठ
पाँचवां और अन्तिम शंकराचार्य पीठ

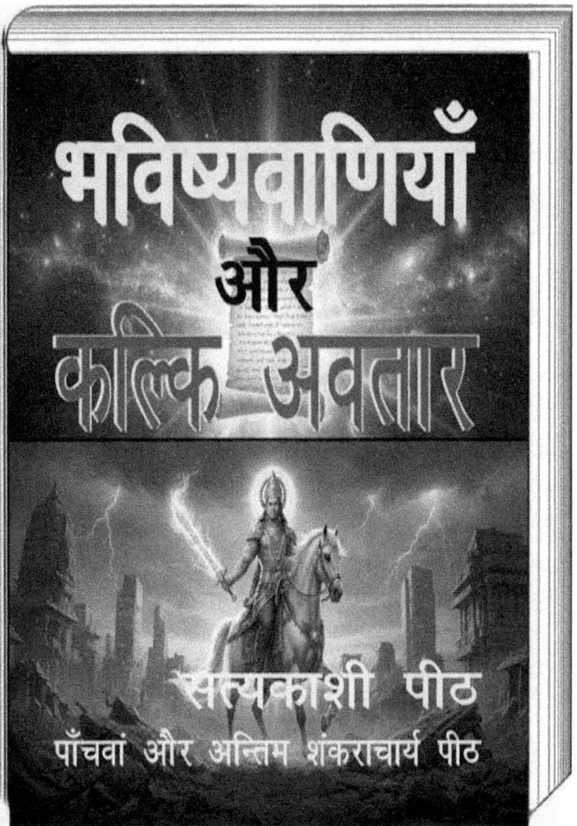
भविष्यवाणियाँ
और
कल्कि अवतार
सत्यकाशी पीठ
पाँचवां और अन्तिम शंकराचार्य पीठ

स्वामी विवेकानन्द
और
कल्कि अवतार
सत्यकाशी पीठ
पाँचवां और अन्तिम शंकराचार्य पीठ

मनु, मनवन्तर
और
कल्कि अवतार
सत्यकाशी पीठ
पाँचवां और अन्तिम शंकराचार्य पीठ

व्यास, शास्त्र
और
कल्कि अवतार
सत्यकाशी पीठ
पाँचवां और अन्तिम शंकराचार्य पीठ

ऋषि, ऋषि परम्परा
और
कल्कि अवतार
सत्यकाशी पीठ
पाँचवां और अन्तिम शंकराचार्य पीठ

दूसरा आगमन
या
अन्तिम आगमन
सत्यकाशी पीठ
पाँचवां और अन्तिम शंकराचार्य पीठ

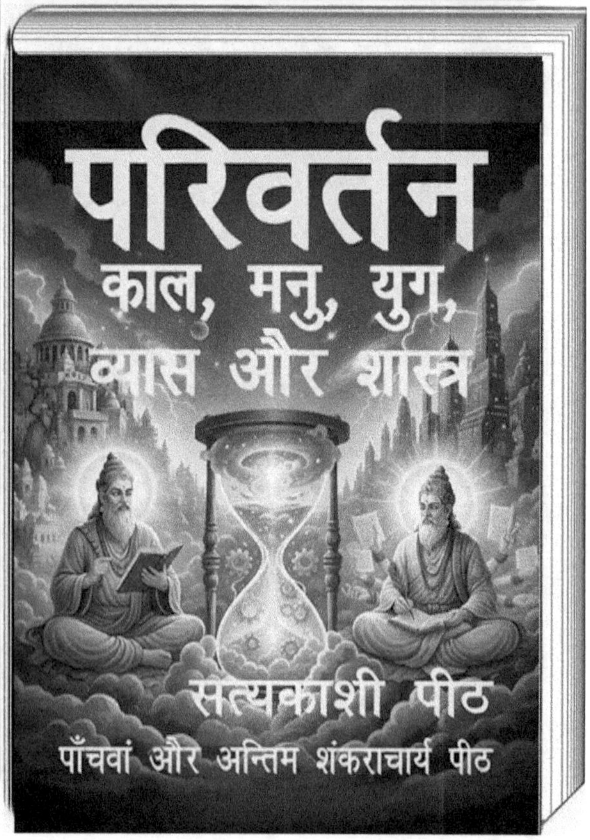
परिवर्तन
काल, मनु, युग,
व्यास और शास्त्र
सत्यकाशी पीठ
पाँचवां और अन्तिम शंकराचार्य पीठ

राम, रावण
और
सार्वभौम एकात्म
सत्यकाशी पीठ
पाँचवां और अन्तिम शंकराचार्य पीठ

मैं
व्यक्तिगत या सार्वभौम
सत्यकाशी पीठ
पाँचवां और अन्तिम शंकराचार्य पीठ

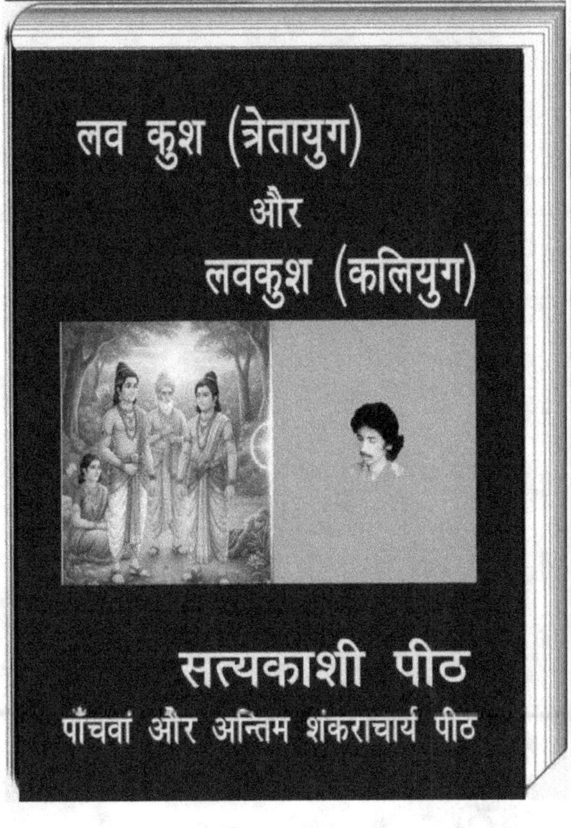
लव कुश (त्रेतायुग)
और
लवकुश (कलियुग)
सत्यकाशी पीठ
पाँचवां और अन्तिम शंकराचार्य पीठ

कल्कि महावतार
आ चुके हैं
(ACTION PLAN)
सत्यकाशी पीठ
पाँचवां और अन्तिम शंकराचार्य पीठ

लव कुश सिंह
(कल्कि महावतार)
जीवन, ज्ञान, कर्म और विश्वरूप
सत्यकाशी पीठ
पाँचवां और अन्तिम शंकराचार्य पीठ

वैश्विक बुद्ध
बुद्ध का
भाग-दो
और अन्तिम
सत्यकाशी पीठ
पाँचवां और अन्तिम शंकराचार्य पीठ

बुड्ढ़ा कृष्ण
कृष्ण का
भाग-दो
और अन्तिम
सत्यकाशी पीठ
पाँचवां और अन्तिम शंकराचार्य पीठ

सम्पूर्ण क्रान्ति
अन्तिम कार्य योजना
64
सत्यकाशी पीठ
पांचवां और अन्तिम शंकराचार्य पीठ

सम्पूर्ण क्रान्ति
वेबसाइट मार्गदर्शन
विवरणिका
सत्यकाशी पीठ
पाँचवां और अन्तिम शंकराचार्य पीठ

पुनर्निर्माण
(RENEW)
समस्या, समाधान
और
राष्ट्र निर्माण की योजना
सत्यकाशी पीठ
पाँचवां और अन्तिम शंकराचार्य पीठ

पुनर्निर्माण
(RENEW)
ग्राम एवं नगर वार्ड
प्रेरक
सत्यकाशी पीठ
पाँचवां और अन्तिम शंकराचार्य पीठ

द्वापर युग में आठवें अवतार श्रीकृष्ण द्वारा प्रारम्भ किया गया कार्य "नवसृजन" के
प्रथम भाग "सार्वभौम ज्ञान" के शास्त्र "गीता" के बाद कलियुग में
द्वितीय और अन्तिम भाग "सार्वभौम कर्मज्ञान" और "पूर्णज्ञान का पूरक शास्त्र"
।। विश्वशास्त्र ।।
द नॉलेज ऑफ फाइनल नॉलेज
परिचय
- लव कुश सिंह "विश्वमानव"

एन्टायर पालिटिक्स
पूर्ण पाठ्यक्रम
सत्यकाशी पीठ
पाँचवां और अन्तिम शंकराचार्य पीठ

वसुधैव
कुटुम्बकम्
सत्यकाशी पीठ
पाँचवां और अन्तिम शंकराचार्य पीठ

।।कर्मवेद।।
प्रथम, अन्तिम तथा पंचम
सत्यकाशी पीठ
पांचवां और अन्तिम शंकराचार्य पीठ

आठवें अवतार
श्रीकृष्ण
सत्यकाशी पीठ
पांचवां और अन्तिम शंकराचार्य पीठ

अयोध्या नहीं,
मुंगेर है
राम जन्मभूमि
सत्यकाशी पीठ
पाँचवां और अन्तिम शंकराचार्य पीठ

विश्वमानव
भूतपूर्व नेतृत्वकर्ताओं
का
स्पष्टिकरण
सत्यकाशी पीठ
पाँचवां और अन्तिम शंकराचार्य पीठ

विश्वमानव
वर्तमान नेतृत्वकर्ताओं
का
स्पष्टिकरण
सत्यकाशी पीठ
पाँचवां और अन्तिम शंकराचार्य पीठ

विश्वमानव
वार्ता, वक्तव्य
एवं
वाणीयाँ

विश्वमानव
पत्रावली, प्रसारण
और
अन्तिम पत्र
सत्यकाशी पीठ
पाँचवां और अन्तिम शंकराचार्य पीठ

सत्य जनहित
आह्वान
सत्यकाशी पीठ
पाँचवां और अन्तिम शंकराचार्य पीठ

विश्व शान्ति
अन्तिम सत्य दृष्टि
सत्यकाशी पीठ
पाँचवां और अन्तिम शंकराचार्य पीठ

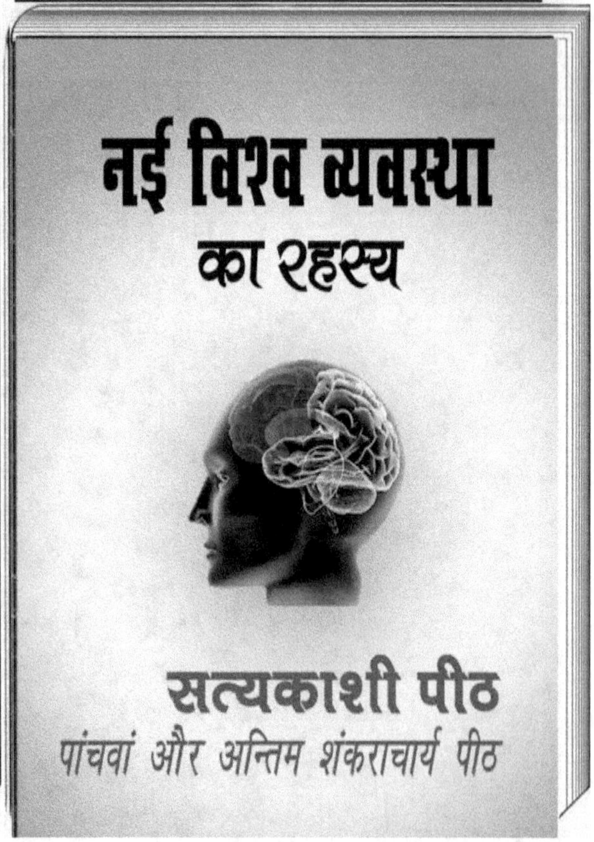
नई विश्व व्यवस्था
का रहस्य
सत्यकाशी पीठ
पांचवां और अन्तिम शंकराचार्य पीठ

समाजवाद
ब्रह्माण्डीय विकास का अवतारी मार्ग
सत्यकाशी पीठ
पांचवां और अन्तिम शंकराचार्य पीठ

भारतवाद
राष्ट्रवाद की मुख्यधारा
सत्यकाशी पीठ
पांचवां और अन्तिम शंकराचार्य पीठ

100 वर्षीय संयुक्त राष्ट्र
को अग्रिम सन्देश
सत्यकाशी पीठ
पांचवां और अन्तिम शंकराचार्य पीठ

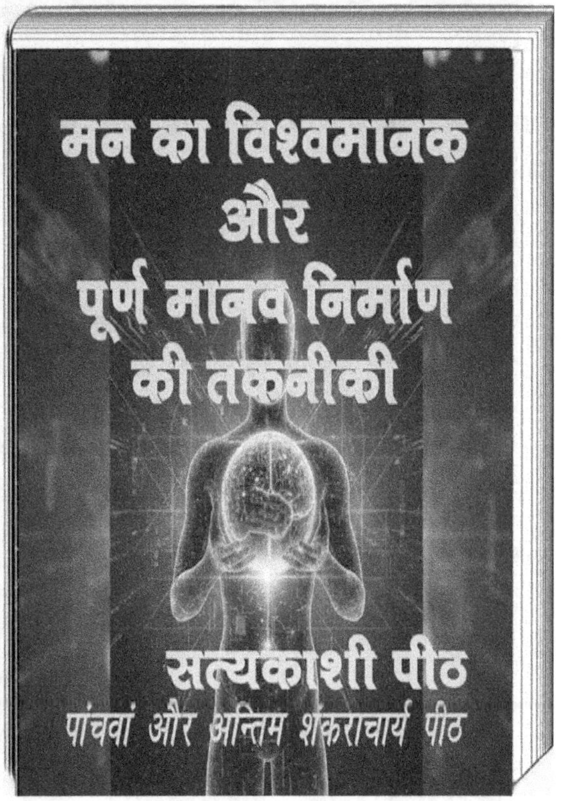
मन का विश्वमानक
और
पूर्ण मानव निर्माण
की तकनीकी
सत्यकाशी पीठ
पांचवां और अन्तिम शंकराचार्य पीठ

गणराज्य, संघ,
मानकीकरण संगठन
और
सम्पूर्ण मानक
सत्यकाशी पीठ
पाँचवां और अन्तिम शंकराचार्य पीठ

व्यापार केन्द्र
दृश्य सत्य
सत्यकाशी पीठ
पाँचवां और अन्तिम शंकराचार्य पीठ

सार्वभौम एकात्म
नव विश्व निर्माण
सत्यकाशी पीठ
पांचवां और अन्तिम शंकराचार्य पीठ

मानक विपणन
प्रणाली
सत्यकाशी पीठ
पाँचवां और अन्तिम शंकराचार्य पीठ

स्वर्णयुग का मानक
आदर्श नागरिक
दिशा निर्देश
सत्यकाशी पीठ
पांचवां और अन्तिम शंकराचार्य पीठ

स्वर्णयुग का
विश्वधर्म
परिचय
सत्यकाशी पीठ
पांचवां और अन्तिम शंकराचार्य पीठ

मैत्रेय बुद्ध
की ओर
सत्यकाशी पीठ
पांचवां और अन्तिम शंकराचार्य पीठ

विशाल ज्ञान विज्ञान
सबका समाधान
सूर्योदय
जय जनता जय कानून
हम सब एक दूसरे से हैं और एक दूसरे के लिए हैं
सौजन्य से : सारे गैर सरकारी प्राणी : सरकारी प्राणी : इज्जतदार नेता और
सबका भविष्य विद्यार्थीगण.........के लिए।

सार्वभौम सत्य-सिद्धान्त आधारित "युग परिवर्तक" श्रृंखला
कल्कि धाम
और
कल्कि परिचय
– लव कुश सिंह "विश्वमानव"

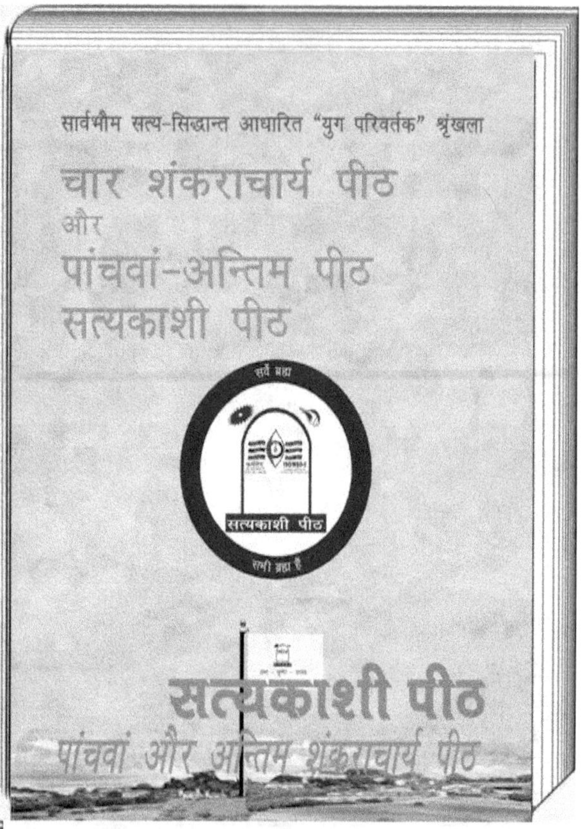
सार्वभौम सत्य-सिद्धान्त आधारित "युग परिवर्तक" श्रृंखला
चार शंकराचार्य पीठ
और
पांचवां-अन्तिम पीठ
सत्यकाशी पीठ
सत्यकाशी पीठ
सत्यकाशी पीठ
पांचवां और अन्तिम शंकराचार्य पीठ

कल्कि अमृत
महाकुम्भ
2025
FINAL KNOWLEDGE BOMB BLAST
सत्यकाशी पीठ
पांचवां और अन्तिम शंकराचार्य पीठ

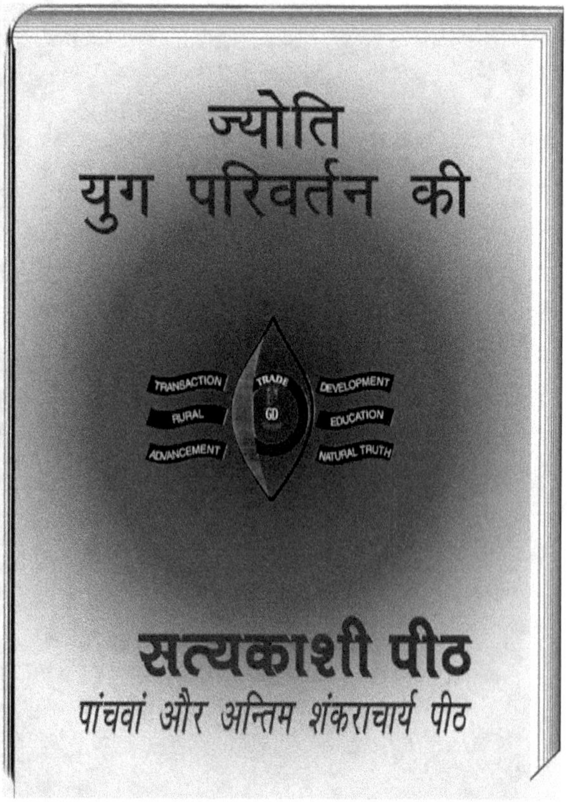
ज्योति
युग परिवर्तन की
TRANSACTION
TRADE
DEVELOPMENT
RURAL
EDUCATION
ADVANCEMENT
NATURAL TRUTH
सत्यकाशी पीठ
पांचवां और अन्तिम शंकराचार्य पीठ

युग परिवर्तन
के
शब्द
सत्यकाशी पीठ
पांचवां और अन्तिम शंकराचार्य पीठ

विचारों का अंत
2025
सत्यकाशी पीठ
पांचवां और अन्तिम शंकराचार्य पीठ

विश्व सत्य घोषणा-पत्र
2025–मानव जाति तक
RSS
Rational Service Society
सत्यकाशी पीठ
पांचवां और अन्तिम शंकराचार्यपीठ

वैश्विक युग परिवर्तन के लिए
विश्व राजनीतिक पार्टी
संघ
RSS
Rational Service Society
सत्यकाशी पीठ
पांचवां और अन्तिम शंकराचार्यपीठ

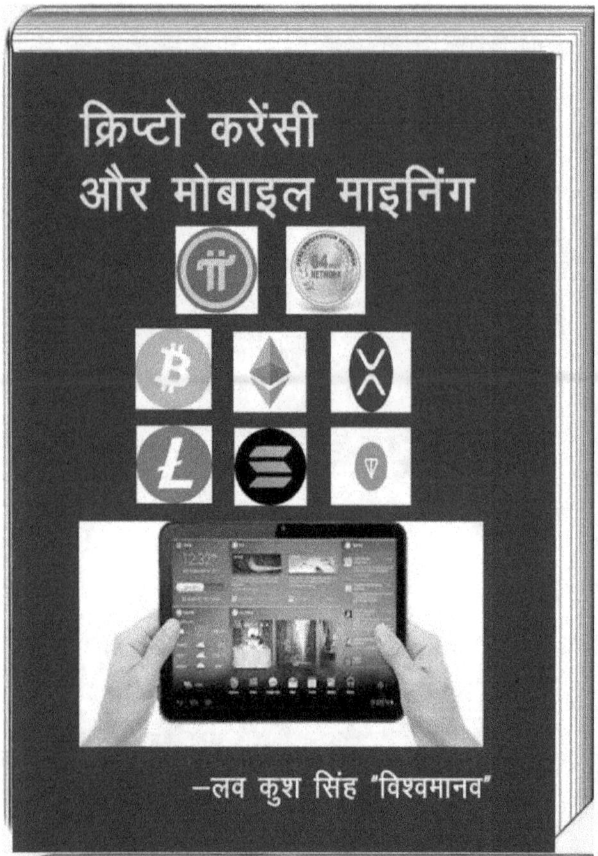
क्रिप्टो करेंसी
और मोबाइल माइनिंग
–लव कुश सिंह "विश्वमानव"

पीढ़ी
मानवीय और ईश्वरीय
वात्सल्य त्रिपाठी

बुढ़ा कृष्ण
अन्तिम मिलन
वात्सल्य त्रिपाठी

अन्तिम लक्ष्य
वात्सल्य त्रिपाठी

पाँचवां-अन्तिम पीठ
सत्यकाशी पीठ
परिचय
वात्सल्य त्रिपाठी
पाँचवां और आंतिम शंकराचार्य पीठ

कबीर और
जेन-जी
नई चेतना, नया मानव
चेतना और नवयुग की संवाद यात्रा
वात्सल्य त्रिपाठी

कल्कि की
ज्योति
बिहार से
ज्योति राठौड़

एक बिहारी
धरती पर भारी
ज्योति राठौड़

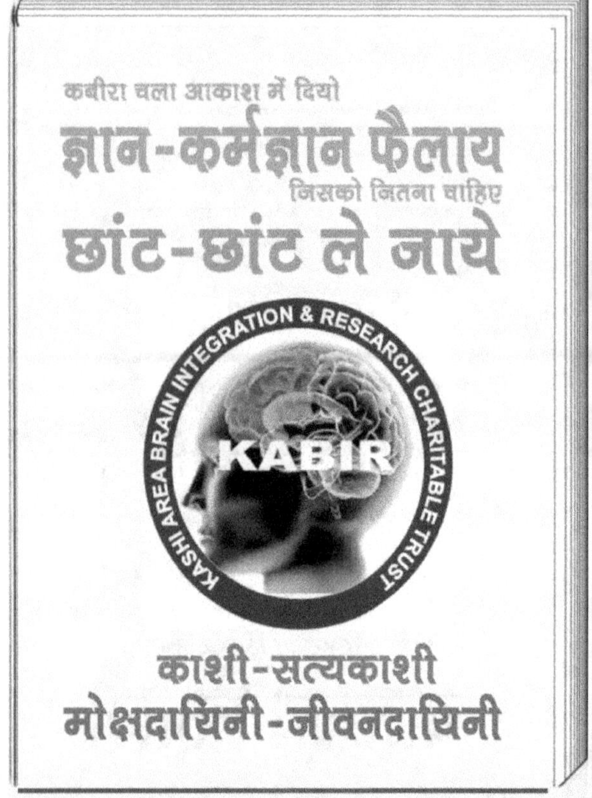
कबीरा चला आकाश में दियो
ज्ञान-कर्मज्ञान फैलाय
जिसको जितना चाहिए
छांट-छांट ले जाये
KASHI AREA BRAIN INTEGRATION & RESEARCH CHARITABLE TRUST
KABIR
काशी-सत्यकाशी
मोक्षदायिनी-जीवनदायिनी

कुर्म वंश
और
चरणाद्रिगढ़
स्वामी रमेशानन्द

आर.एस.एस
नवयुग के लिए
वैश्विक व्यक्तिगत पुस्तकालय
RATIONAL SERVICE SOCIETY (RSS)
WORLD PERSONAL LIBRARY FOR NEW AGE
A GUIDE TO GLOBAL WISDOM & FUTURE THOUGHT
स्वामी रमेशानन्द

झोला उठने के बाद
सोशल मीडिया
के लिए
कन्टेन्ट बैंक
विस्तृत गाइड: विचार, रणनीतियाँ, और संसाधन
www.64inch.com
सत्यकाशी पीठ
पांचवां और अन्तिम शंकराचार्य पीठ

झोला उठने के बाद
कल्कि
के तीन चरण
सत्यकाशी पीठ
पांचवां और अन्तिम शंकराचार्य पीठ

युग परिवर्तन के लिए:
विश्व पुस्तकालय बनाम कल्कि पुस्तकालय
www.64inch.com
ज्ञान का महासागर - अतीत से वर्तमान
बनाम
कल्कि पुस्तकालय
धर्म और भविष्य का प्रकाश - नए युग का उद्भव
ज्ञान का महासंग्राम - भविष्य का निर्माण
सत्यकाशी पीठ
पांचवां और अन्तिम शंकराचार्य पीठ

व्हाट्सएप्प यूनिवर्सिटी
और
सु-इसु यूनिवर्सिटी
सत्यकाशी पीठ
पांचवां और अन्तिम शंकराचार्य पीठ

इंडिया
भारत का विश्वरूप
सत्यकाशी पीठ
पांचवां और अन्तिम शंकराचार्य पीठ

अधूरे
सपनों
का
अन्तिम मार्ग
सत्यकाशी पीठ
पांचवां और अन्तिम शंकराचार्य पीठ

मानक
संविधान
और
बहुजन
सत्यकाशी पीठ
पांचवां और अन्तिम शंकराचार्य पीठ

विकसित भारत
अन्तिम मुद्दे
-ईश्वरीय/मानवीय पीढ़ी-10 (GEN-10)
-व्यक्तिगत
-पारिवारीक
-सामाजिक
-धार्मिक
-राष्ट्रीय
-वैश्विक
सत्यकाशी पीठ
पांचवां और अन्तिम शंकराचार्य पीठ

एक नया
विकल्प
THREADS
सत्यकाशी पीठ
पांचवां और अन्तिम शंकराचार्य पीठ

विकसित भारत
शिक्षितों का अन्तिम ईश्वरीय मॉडल
सत्यकाशी पीठ
पांचवां और अन्तिम शंकराचार्य पीठ

विकास मॉडल
आसुरी
और
ईश्वरीय
सत्यकाशी पीठ
पांचवां और अन्तिम शंकराचार्य पीठ

युग परिवर्तन और 1000 वर्षों के लिए
सत्यकाशी पीठ
का सम्पूर्ण कार्य
कौन,
क्यों,
कैसे
कल्कि?
सत्यकाशी पीठ
पांचवां और अन्तिम शंकराचार्य पीठ

बैल बुद्धि
और
विकसित
भारत
सत्यकाशी पीठ
पांचवां और अन्तिम शंकराचार्य पीठ

लक्ष्मीन भोज्यम्
सत्यकाशी पीठ
पांचवां और अन्तिम शंकराचार्य पीठ

एक्सट्रा टु ए बी
समान नागरिक व्यापार ज्ञान संहिता (CCTKC)
सत्यकाशी पीठ
पांचवां और अन्तिम शंकराचार्य पीठ

एक्सट्रा टु ए बी
समान नागरिक आर्थिक संहिता (UCEC)
सत्यकाशी पीठ
पांचवां और अन्तिम शंकराचार्य पीठ

अंध भक्ति
से मुक्ति की ओर
मुक्ति मंत्र
"जिसने अंधभक्ति दिया
वही मुक्ति देगा"
सत्यकाशी पीठ
पांचवां और अन्तिम शंकराचार्य पीठ

VISHVABHARAT
न मो नारायण
सत्यकाशी पीठ
पांचवां और अन्तिम शंकराचार्य पीठ

अगला स्तर
फिल्म और राजनीति पर
विचारों का संग्रह
सत्यकाशी पीठ
पांचवां और अन्तिम शंकराचार्य पीठ

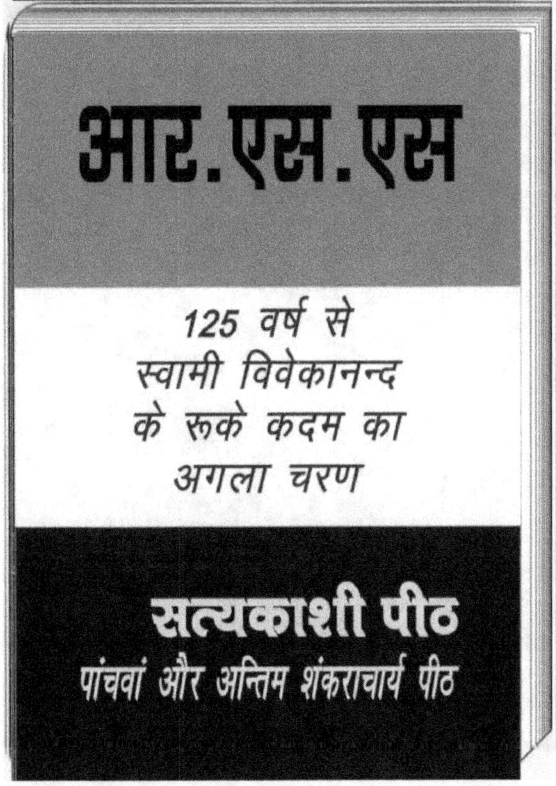
आर.एस.एस
125 वर्ष से
स्वामी विवेकानन्द
के रूके कदम का
अगला चरण
सत्यकाशी पीठ
पांचवां और अन्तिम शंकराचार्य पीठ

आर.एस.एस
रहस्योद्घाटन
सत्यकाशी पीठ
पांचवां और अन्तिम शंकराचार्य पीठ

125 वर्ष बाद
स्वामी विवेकानन्द
का अगला चरण

सत्येश्वर नरेन्द्र
सत्यकाशी पीठ
पांचवां और अन्तिम शंकराचार्य पीठ

आत्मकथा
लेखन कला
का विश्वमानक
सत्यकाशी पीठ
पांचवां और अन्तिम शंकराचार्य पीठ

लुच्चा
पुराण
पौराणिक कथाओं
और पात्रों के
सत्य समझ की व्यास दृष्टि
सत्यकाशी पीठ
पांचवां और अन्तिम शंकराचार्य पीठ

आठवां
सावर्णि मनु स्मृति
सत्यकाशी पीठ
पांचवां और अन्तिम शंकराचार्य पीठ

विश्वमानक
शून्य श्रृंखला
0
सत्यकाशी पीठ
पांचवां और अन्तिम शंकराचार्य पीठ

सर्वजीत साधना
भवन
एक आध्यात्मिक अनुभव
सत्यकाशी पीठ
पांचवां और अन्तिम शंकराचार्य पीठ

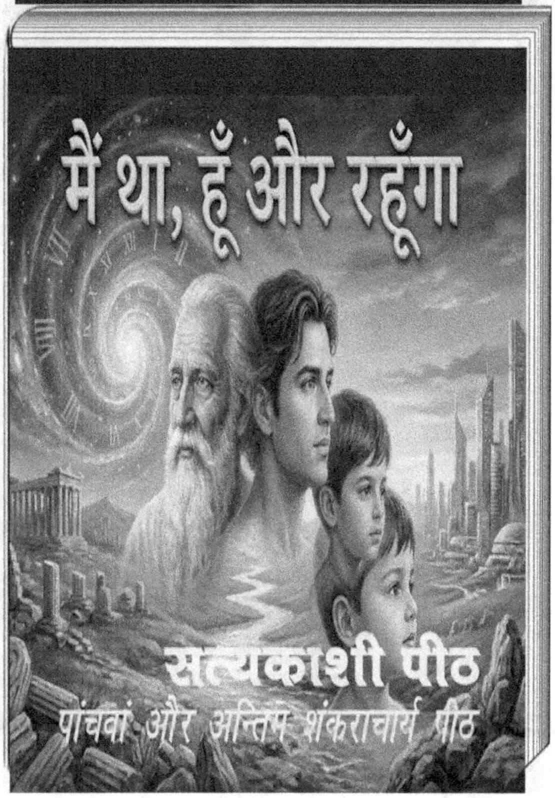
मैं था, हूँ और रहूँगा
सत्यकाशी पीठ
पांचवां और अन्तिम शंकराचार्य पीठ

लव
सत्यकाशी पीठ
पांचवां और अन्तिम शंकराचार्य पीठ

परब्रह्म,
प्रकृति,
अवतार
और वानर
सत्यकाशी पीठ
पांचवां और अन्तिम शंकराचार्य पीठ

संसार
दृश्य
और
अदृश्य
सत्यकाशी पीठ
पांचवां और अन्तिम शंकराचार्य पीठ

कर्मोपनिषद्
सत्यकाशी पीठ
पांचवां और अन्तिम शंकराचार्य पीठ

विश्वभारत
पुराण
सत्यकाशी पीठ
पांचवां और अन्तिम शंकराचार्य पीठ

एकात्म विज्ञान
सत्यकाशी पीठ
पांचवां और अन्तिम शंकराचार्य पीठ

मानक विज्ञान
सत्यकाशी पीठ
पांचवां और अन्तिम शंकराचार्य पीठ

ईश्वर शास्त्र
सत्यकाशी पीठ
पांचवां और अन्तिम शंकराचार्य पीठ

युगावतारों के प्रकटीकरण की कार्यविधि:
राम-कृष्ण-लवकुश
सत्यकाशी पीठ
पांचवां और अन्तिम शंकराचार्य पीठ

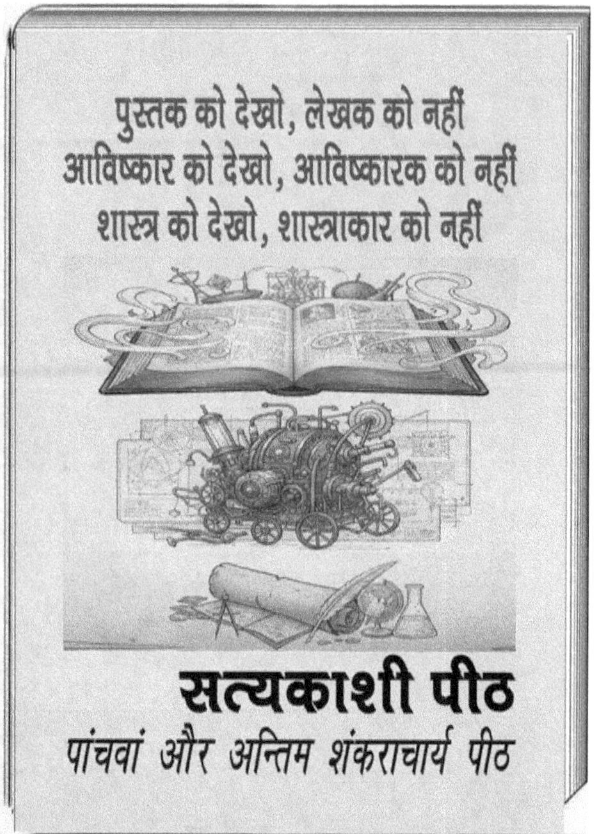
पुस्तक को देखो, लेखक को नहीं
आविष्कार को देखो, आविष्कारक को नहीं
शास्त्र को देखो, शास्त्राकार को नहीं
सत्यकाशी पीठ
पांचवां और अन्तिम शंकराचार्य पीठ

56 से 64
की ओर
सत्यकाशी पीठ
पांचवां और अन्तिम शंकराचार्य पीठ

मैं सत्यकाशी हूँ
कविता
सत्यकाशी पीठ
पांचवां और अन्तिम शंकराचार्य पीठ

पटेल
भारत के शारीरिक एकीकरण के बाद
मन का एकीकरण लक्ष्य
सत्यकाशी पीठ
पांचवां और अन्तिम शंकराचार्य पीठ

मन से
आत्मा तक
3 6 9 और 7
6
3
9
7
सत्यकाशी पीठ
पांचवां और अन्तिम शंकराचार्य पीठ

भारत
400 पार मुद्दा किसका
?
सत्यकाशी पीठ
पांचवां और अन्तिम शंकराचार्य पीठ

आर. एस. एस - पुस्तकालय
पढ़ो और कमाओ
शिक्षित समाज, समर्थ राष्ट्र
सत्यकाशी पीठ
पांचवां और अन्तिम शंकराचार्य पीठ

विश्वयुद्ध के पहले
विश्वगुरु भारत
का विश्व शान्ति और
पुनर्निर्माण का अन्तिम सन्देश
सत्यकाशी पीठ
पांचवां और अन्तिम शंकराचार्य पीठ

चुटिया पण्डित
वृन्दावन की सत्य घटना
स्वामी नन्दनानंद

कल्कि का
चुनार और वृन्दावन
से उठता प्रेम
स्वामी नन्दनानंद

कल्कि का
बेगुसराय और मीरजापुर
जन्म और कर्म क्षेत्र
स्वामी नन्दनानंद

सत्येश्वरोपनिषद्
सत्येश्वर
और
झूठेश्वर
वात्सल्य त्रिपाठी

अन्तिम अवतार
कल्कि
के लिए शेष कर्म
वात्सल्य त्रिपाठी

कल्कि अवतार
का मानव-10
विकसित भारत का प्रवेश द्वार
वात्सल्य त्रिपाठी

पप्पू-गप्पू
और
नागरिक झुलेलाल
वात्सल्य त्रिपाठी

ओपेन गेम
कभी-कभी नहीं, अब कन्फर्म है अपुन ही भगवान है
(वेब सीरीज)
वात्सल्य त्रिपाठी

SATYAKASHI
THE END OF MIRZAPUR
सत्यकाशी पीठ
पांचवां और अन्तिम शंकराचार्य पीठ

अण्डरवर्ल्ड
सनातन से पुरूषों से छुपी महिलाओं की कहानी
(फिल्म स्क्रीनप्ले-रेडी टू शूट)
वात्सल्य त्रिपाठी

सोना और सोना
एवं
नारी सशक्तिकरण
वैदिक काल से वर्तमान तक
सत्यकाशी पीठ
पांचवां और अन्तिम शंकराचार्य पीठ

स्लम डॉग
गॉड
फिल्म स्क्रीनप्ले-रेडी टू शूट

उत्तर प्रदेश
का
उत्तर
वात्सल्य त्रिपाठी

अन्तिम समन्वयाचार्य
कल्कि
वात्सल्य त्रिपाठी

2026
2+0+2+6=10
पांचवां और अन्तिम शंकराचार्य पीठ

राम न आयेंगे
लवकुश आ रहें हैं
www.64inch.com
पांचवां और अन्तिम शंकराचार्य पीठ

युग परिवर्तन के
150 पुस्तकें-परिचय
ज्ञान, प्रेरणा और भविष्य की ओर एक कदम
150
सत्यकाशी पीठ
पांचवां और अन्तिम शंकराचार्य पीठ
"एक नई शुरुआत के लिए ज्ञान की खोज"

जैसी तुम्हारी इच्छा वैसा करो

डॉ0 सर्वपल्ली राधाकृष्णन का जन्म 5 सितम्बर, 1888 को दक्षिण भारत के तिरूतनि स्थान पर हुआ था जो चेन्नई से 64 किमी उत्तर–पूर्व में है। डॉ0 सर्वपल्ली राधाकृष्णन भारत के उपराष्ट्रपति और दूसरे राष्ट्रपति सन् 1952 से 1962 तक में रहे। डॉ0 सर्वपल्ली राधाकृष्णन भारतीय समाजिक संस्कृति से ओत–प्रोत एक महान शिक्षाविद् महान दार्शनिक, महान वक्ता और आस्थावान हिन्दू विचारक थे। डॉ0 सर्वपल्ली राधाकृष्णन ने अपने जीवन के महत्वपूर्ण 40 वर्ष शिक्षक के रूप में व्यतीत किये। उनमें एक आदर्श शिक्षक के सारे गुण मौजूद थे। डॉ0 सर्वपल्ली राधाकृष्णन समस्त विश्व को एक शिक्षालय मानते थे। उनकी मान्यता थी कि शिक्षा के द्वारा ही मानव दिमाग का सद्उपयोग किया जाना सम्भव है इसलिए समस्त विश्व को एक इकाई समझकर ही शिक्षा का प्रबन्धन किया जाना चाहिए। उनके जन्मदिन को "शिक्षक दिवस" के रूप में मनाया जाता है।

इति ते ज्ञानमाख्यातं गुह्याद्गुह्यतरं मया।
विमृश्न्यैतदशेषेण यथेच्छसि तथा कुरू।।

(श्रीमद्भगवद्गीता, अध्याय–18, श्लोक–63)

अर्थात् – मैंने तुम्हें जो बताया, वह सब से बड़ा रहस्य है। इस पर भलीभाँति विचार कर तुम्हारी जैसी इच्छा वैसा करो।

"परमात्मा देखने में तटस्थ या निरपेक्ष दिखाई देता है, क्योंकि उसने चुनने का निर्णय अर्जुन के हाथ में छोड़ दिया है। उसकी यह निरपेक्षता ही अर्जुन के चिन्ता का कारण है। वह किसी पर भी दबाव नहीं डालता क्योंकि स्वतःस्फूर्त स्वतन्त्रता बहुत मूल्यवान होती है। भगवान अपना आदेश ऊपर से नहीं थोपता। वह स्वतन्त्र छोड़ देता है। परमात्मा की पुकार को स्वीकार करने या अस्वीकार कर देने के लिए हम हर समय स्वतन्त्र हैं। हम लड़खड़ाने लगें तो वह सहायता देने के लिए तैयार रहता है और प्रतीक्षा करने को तैयार है जब तक हम उसकी ओर उन्मुख न हों।

सब कुछ पहले से निर्धारित मानने वाले सिद्धान्त में टकराव के कारण यूरोप और भारत में काफी वाद–विवाद हुआ है। यूरोप का प्रमुख सिद्धान्त है कि संकल्प शक्ति और मानवीय प्रयत्न की स्वतन्त्रता का मनुष्य के उद्धार में बहुत बड़ा हाथ होता है। यद्यपि स्वयं संकल्प शक्ति को भी परमात्मा की कृपा के समर्थन की आवश्यकता पड़ सकती है। पहले से सब कुछ तय मानने वालों को अच्छे कार्यों और प्रार्थना के लिए यत्न करना होता है, क्योंकि वहाँ भी मानते हैं कि ये उपाय नियति को आगे बढ़ाने में सहायक तो हो सकते हैं लेकिन वे उसे रोक नहीं सकते। मनुष्य इस बात के लिए स्वतन्त्र है कि परमात्मा उन मनुष्यों पर कृपा करना चाहता है जो अपने आचरण से उस कृपा को ग्रहण करने के लिए तैयार करते हैं।

आध्यात्मिक नेता हम पर शारीरिक हिंसा, चमत्कार, प्रदर्शन के जरिये प्रभाव नहीं डालते। यदि सच्चा शिष्य कोई गलती कर भी बैठे, तो वह उसे केवल सलाह देगा। यदि शिष्य को चुनाव करने की स्वतन्त्रता पर आँच आती हो, तो वह उसे गलत रास्ते से भी वापस लौट आने के लिए विवश नहीं करेगा। गलती भी विकास की एक दिशा है।

कृष्ण केवल सारथी हैं। वह अर्जुन के आदेश का पालन करेगा। उसने कोई शस्त्र धारण नहीं किया हुआ है। यदि वह अर्जुन पर कोई प्रभाव डालता है तो वह उसे अपने उस सर्वजयी प्रेम के जरिए डालता है। जो कभी समाप्त नहीं होता।

अर्जुन को अपने लिए स्वयं विचार करना चाहिए और अपने लिए स्वयं ही मार्ग खोज करना चाहिए। अस्पष्ट मान्यताओं को अनिवार्य रूप से और भावुकतापूर्वक अपना लिए जाने के कारण फलस्वरूप कट्टर धर्मान्धता उत्पन्न हुई है और उनके कारण मनुष्यों को अकथनीय कष्ट उठाना पड़ा है। इसलिए यह आवश्यक है कि मन और विश्वासों के लिए कोई तर्क संगत और अनुभावात्मक औचित्य ढूंढ़े।

अर्जुन को एक वास्तविक अखण्डता की अनुभूति प्राप्त करनी होगी लेकिन उसके विचार अपने हैं। और गुरू के जरिये उस पर थोपे नहीं गये हैं। दूसरों पर अपने विचार थोपना शिक्षण नहीं हैं।"

– भगवद्गीता के आखिरी उपदेश पर भारतीय दर्शन के व्याख्याकार और दूसरे राष्ट्रपति डॉ0 राधाकृष्णनन का विवेचन

"यह विश्वशास्त्र, मनुष्यों पर थोपा नहीं जा रहा बल्कि वह मनुष्यों को, मनुष्यो के इस संसार मे जो वर्तमान है उसे और उसके आगे अनन्त मार्ग दिखा रहा है और सभी मार्गों के एकीकरण द्वारा, उस मार्ग को भी दिखा रहा है जो विश्व को सत्य–सुन्दर–शिव बना सकता है। फिर भी हे मनुष्यों जैसी तुम्हारी इच्छा वैसा करो। वर्तमान से योग कराने के लिए ही मैं व्यक्त होता हूँ।" – लव कुश सिंह "विश्वमानव"

सत्य मानक शिक्षा
(Real Standard Education)
8:52 PM
64 Inch-BOOK
NOTICE - Software का Testing
Login?
Register now?
REAL STANDARD EDUCATION
64 inch BOOK
The Knowledge Equation
एक राष्ट्र
एक शास्त्र
विश्वशास्त्र
डिग्री और नौकरी
की शिक्षा
सरकार से
जीवन की "समझ और बुद्धि" की शिक्षा
रू0 1/– प्रतिदिन में यहाँ से
App-64inch-BOOK
सत्य मानक शिक्षा
App-64inch-BOOK

"सत्य मानक शिक्षा" का व्यापार-एक अन्तहीन व्यापार

एक नदी पर पुल था जिसे कोई व्यक्ति पैदल दो घण्टे में पार करता था। यह पुल पैदल यात्रीयों के लिए रोक दिया गया था जिसके लिए पुल के ठीक मध्य (एक घण्टे की यात्रा) पर एक गार्ड नियुक्त था। गार्ड एक घण्टे सोता था और एक घण्टे जागता था। एक चालाक व्यक्ति को पुल से नदी पार करना अतिआवश्यक था। इसलिए गार्ड जब सोया तब वह यात्रा प्रारम्भ किया जैसे ही गार्ड के जागने का समय आया, वह वापस लौटने लगा। गार्ड समझा कि वह दूसरे किनारे से आ रहा है इसलिए उसने उस यात्री को पकड़ा और दूसरी ओर भेज दिया। इस प्रकार यात्री नदी पार हो गया।

यदि हम में से किसी को तैरकर नदी पार करना हो और आधे से पहले ही हमारा हिम्मत टूटने लगे तो हम वापस ही आना चाहेंगे। यदि आधे से अधिक तैरने के बाद हिम्मत टूटने लगेगा तो हौसला बढ़ाकर आगे ही बढकर पार करना चाहेंगे।

इसी प्रकार मनुष्य के विकास क्रम में हम सब अदृश्य विज्ञान (आध्यात्म) से दृश्य विज्ञान (भौतिक) की ओर बढ़ गये हैं। नदी या पुल का एक किनारा अदृश्य विज्ञान है तो दूसरा किनारा दृश्य विज्ञान। वर्तमान का हमारा अधिकतम जीवन नदी के दूसरे किनारे दृश्य विज्ञान की ओर है, हर पल। जन्म से ही हम अधिकतम वे सब वस्तुएँ प्रयोग कर रहे हैं जिसका कच्चा माल भले ही ईश्वरकृत हो परन्तु उपयोग का रूप मनुष्यकृत है और विज्ञान द्वारा निर्मित है। इस प्रकार मनुष्य निर्माता के रूप में अपना रूप व्यक्त कर ईश्वर की ओर ही बढ़ रहा है।

नदी के पुल पर बैठे उस गार्ड का काम और तैरने वाले का निर्णय "सत्य शिक्षा" है। वर्तमान में मनुष्य समाज अदृश्य काल से चलकर दृश्य काल में आ चुका है। आधे से वापस किनारे जाना "सत्य" को पाना है। और आधे से दूसरे किनारे पार हो जाना "सिद्धान्त" को पाना है। इन्हीं सिद्धान्त को पाने के बाद संविधान-नियम-कानून का जन्म होता है जिससे आज हम सभी संचालित व प्रभावित है। इस "सत्य-सिद्धान्त" की शिक्षा ही "सत्य मानक शिक्षा" है।

वर्तमान में जीने का अर्थ होता है-विश्व ज्ञान जहाँ तक बढ़ चुका है वहाँ तक के ज्ञान से अपने मस्तिष्क को युक्त करना। तभी डेढ़ हजार वर्ष पुराने हमारे मस्तिष्क का आधुनिकीकरण हो पायेगा। सिर्फ वर्तमान में तो पशु रहकर कर्म करते हैं। "सत्य मानक शिक्षा" मनुष्य के मस्तिष्क के आधुनिकीकरण की शिक्षा है या विज्ञान की भाषा में कहें तो मस्तिष्क के आधुनिकीकरण का साफ्टवेयर या माइक्रोचिप्स (Integrated Circuit-I.C) है। वर्तमान की अब नवीनतम परिभाषा है-"पूर्ण ज्ञान से युक्त होना" और कार्यशैली की परिभाषा है-"भूतकाल का अनुभव, भविष्य की आवश्यकतानुसार पूर्णज्ञान और परिणाम ज्ञान से युक्त होकर वर्तमान समय में कार्य करना।"

ज्ञान के इस युग में शिक्षा-विद्या-कला का व्यापार मनुष्य के धरती पर रहने तक रहेगा। ऐसी स्थिति में "सत्य मानक शिक्षा"का व्यापार भी उस समय तक के लिए स्थायित्व में है। शिक्षा-विद्या-कला कोई प्रापर्टी नहीं है कि पिता जी ग्रहण कर चुके हैं तो पुत्र को हिस्सा प्राप्त हो जायेगा। पुत्र को भी वहीं से अर्थात् अक्षर ज्ञान से शुरू होना पड़ेगा जहाँ से पिता ने शुरू किया था। इस प्रकार "सत्य मानक शिक्षा"का व्यापार एक अन्तहीन व्यापार है जो मनुष्य के पृथ्वी पर रहने तक चलता रहेगा।

स्कूल-कालेजों के जाल से शिक्षा के व्यापार का विकास होता है न कि शिक्षा का। शिक्षा का विकास तो शिक्षा पाठ्यक्रम पर निर्भर होता है जिससे शिक्षक और शिक्षार्थी दोनों निर्मित होते हैं। जब तक पूर्ण शिक्षा पाठ्यक्रम का निर्माण नहीं होता, शिक्षा का विकास नहीं हो सकता लेकिन शिक्षा के व्यापार का विकास होता रहेगा।

आध्यात्म और विज्ञान ने मानव सभ्यता के विकास में अब कम से इतना विकास तो कर ही चुका है कि अब हमें मन के एकीकरण के लिए कार्य करना चाहिए। और उस मन पर कार्य करने का ही परिणाम है-

सम्पूर्ण ब्रह्माण्ड में व्याप्त एक ही सत्य-सिद्धान्त द्वारा व्यक्तिगत व संयुक्त मन को एकमुखी कर सर्वोच्च, मूल और अन्तिम स्तर पर स्थापित करने के लिए शून्य पर अन्तिम आविष्कार WS-0 श्रृंखला की निम्नलिखित पाँच शाखाएँ है।

1. डब्ल्यू.एस. (WS)-0: विचार एवम् साहित्य का विश्वमानक
2. डब्ल्यू.एस. (WS)-00: विषय एवम् विशेषज्ञों की परिभाषा का विश्वमानक
3. डब्ल्यू.एस. (WS)-000: ब्रह्माण्ड (सूक्ष्म एवम् स्थूल) के प्रबन्ध और क्रियाकलाप का विश्वमानक
4. डब्ल्यू.एस. (WS)-0000: मानव (सूक्ष्म तथा स्थूल) के प्रबन्ध और क्रियाकलाप का विश्वमानक
5. डब्ल्यू.एस. (WS)-00000: उपासना और उपासना स्थल का विश्वमानक

और पूर्णमानव निर्माण की तकनीकी WCM-TLM-SHYAM.C (World Class Manufacturing – Total Life Maintenance – Satya-Heart-Yog-Ashram-Meditaion.Conciousness) है।

जो शिक्षा का नया माडल है। गरीबों की समस्या सुलझानें का नैतिक दायित्व है। देश में 25 वर्ष से कम उम्र के 55 करोड़ लोगों के लिए पुननिर्माण जैसी योजना हैं। उन्हें नौकरी और प्रशिक्षण की व्यवस्था है। रचनात्मकता, समन्वय, लीडरशिप, ग्लोबल तथा प्रोफेशनल विषयों को पढ़ने तथा सूचना तकनीक के जरिए पढ़ाई पर ध्यान केन्द्रित करने से युक्त है। हमारे देश में जो अध्यापक हैं, वे शोध नहीं करते और जो शोध करते हैं वे पढ़ाते नहीं, इसलिए शिक्षार्थी को ही शोध पत्र (विश्वशास्त्र) पढ़ाया जाय क्योंकि शिक्षक पढ़ने से तो रहे क्योंकि समान्यतः धन के आने की सुनिश्चितता के बाद लोग पढ़ना छोड़ देते हैं, यही नहीं कोशिश तो यह भी रहती है कि पढ़ाना भी न पड़े और उन्हें सेवा से हटाया भी नहीं जा सकता।

स्वामी विवेकान्द जी ने कहा था – "सुधारकों से मैं कहूंगा कि मैं स्वयं उनसे कहीं बढ़कर सुधारक हूँ। वे लोग इधर-उधर थोड़ा सुधार करना चाहते हैं- और मैं चाहता हूँ आमूल सुधार। हम लोगों का मतभेद है केवल सुधार की प्रणाली में। उनकी प्रणाली विनाशात्मक है और मेरी संघटनात्मक। मैं सुधार में विश्वास नहीं करता, मैं विश्वास करता हूँ स्वाभाविक उन्नति में।"

स्वाभाविक उन्नति तभी होती है जब संसाधन उपलब्ध हो। कार-मोटरसाइकिल घर में पहले से रहता है तो स्वाभाविक रूप से कम उम्र में ही घर के लोग चलाना सिख जाते हैं

जो व्यक्ति या देश केवल आर्थिक उन्नति को ही सर्वस्व मानता है वह व्यक्ति या देश एक पशुवत् जीवन निर्वाह के मार्ग पर है-जीना और पीढ़ी बढ़ाना। दूसरे रूप में इसे ऐसे समझा जा सकता है कि ऐसे व्यक्ति जिनका लक्ष्य धन रहा था वे अपने धन के बल पर अपनी मूर्ति अपने घर पर ही लगा सकते हैं परन्तु जिनका लक्ष्य धन नहीं था, उनका समाज ने उन्हें, उनके रहते या उनके जाने के बाद अनेकों प्रकार से सम्मान दिया है और ये सार्वजनिक रूप से सभी के सामने प्रमाणित है। पूर्णत्व की प्राप्ति का मार्ग शारीरिक-आर्थिक उत्थान के साथ-साथ मानसिक-बौद्धिक उत्थान होना चाहिए और यही है ही। इस प्रकार भारत यदि पूर्णता व विश्व गुरूता की ओर बढ़ना चाहता है तब उसे मात्र कौशल विकास ही नहीं बल्कि राष्ट्रीय बौद्धिक विकास की ओर भी बढ़ना होगा। बौद्धिक विकास, व्यक्ति व राष्ट्र का इस ब्रह्माण्ड के प्रति दायित्व है और उसका लक्ष्य है।

राष्ट्र के पूर्णत्व के लिए पूर्ण शिक्षा निम्नलिखित शिक्षा का संयुक्त रूप है-

अ-सामान्यीकरण (Generalisation) शिक्षा

ज्ञान के लिए- यह शिक्षा व्यक्ति और राष्ट्र का बौद्धिक विकास कराती है जिससे व्यक्ति व राष्ट्रीय सुख में वृद्धि होती है।

ब-विशेषीकरण (Specialisation) शिक्षा

कौशल के लिए- यह शिक्षा व्यक्ति और राष्ट्र का कौशल विकास कराती है जिससे व्यक्ति व राष्ट्रीय उत्पादकता में वृद्धि होती है।

स-सत्य नेटवर्क (REAL NETWORK)

समाज में प्रकाशित होने के लिए-क्योंकि कोई भी क्यों न हो उसे स्वयं अपना परिचय (BIO-DATA) देना पड़ता है तभी उसके अनुसार समाज उसका उपयोग करता है।

वर्तमान समय में विशेषीकरण की शिक्षा, भारत में चल ही रहा है और वह कोई बहुत बड़ी समस्या भी नहीं है। समस्या है सामान्यीकरण शिक्षा की। व्यक्तियों के विचार से सदैव व्यक्त होता रहा है कि-मैकाले शिक्षा पद्धति बदलनी चाहिए, राष्ट्रीय शिक्षा नीति व पाठ्यक्रम बनना चाहिए। ये तो विचार हैं। पाठ्यक्रम बनेगा कैसे?, कौन बनायेगा? पाठ्यक्रम में पढ़ायेंगे क्या?

एक पूर्ण मानव निर्माण प्रक्रिया में शिक्षा पाठ्यक्रम के स्वरूप का विश्वमानक निम्नवत् है। जो किसी विशेष देश-काल-पात्र पर निर्भर नही करता अर्थात् यह प्रत्येक देशों और व्यक्तियों के लिए शिक्षा का स्वरूप है। जिससे ब्रह्माण्डीय, वैश्विक और व्यक्तिगत संतुलन, स्थिरता, एकता, प्रबन्ध, विकास, शान्ति और सुरक्षा निर्धारित होती है।

1. प्राइमरी शिक्षा (कक्षा-5 तक)-भाषा ज्ञान आधारित:- क्षेत्रीय, देश, विश्व और विज्ञान की भाषा का ज्ञान, सामान्य विज्ञान, सामान्य ज्ञान, चित्र कला।

2. जूनियर हाई स्कूल (कक्षा-6 से 8 तक)-समाज ज्ञान आधारित:- क्षेत्रीय, देश, विश्व और विज्ञान की भाषा का ज्ञान, सामान्य विज्ञान, सामान्य ज्ञान, चित्र कला का विस्तार, खेल, संगीत, कृषि, समाज विज्ञान।

3. हाई स्कूल (कक्षा-9 से 10 तक)-सामान्यीकृत ज्ञान आधारित:- ज्ञान-कर्मज्ञान समाहित WCM-TLM-SHYAM.C (World Class Manufacturing – Total Life Maintenance – Satya-Heart-Yog-Ashram-Meditaion.Conciousness) प्रणाली अर्थात शिक्षा पाठ्यक्रम का विश्व मानक, कालानुसार विज्ञान, तकनीकी, व्यापारीक व प्रबन्धकीय ज्ञान की शिक्षा।

4. इण्टरमीडिएट (कक्षा-11 से 12 तक)-विशेषीकृत ज्ञान आधारित:- कौशल विकास की शिक्षा।

5. उच्च शिक्षा-इच्छानुसार विशेष क्षेत्र आधारित

"किसी देश का संविधान, उस देश के स्वाभिमान का शास्त्र तब तक नहीं हो सकता जब तक उस देश की मूल भावना का शिक्षा पाठ्यक्रम उसका अंग न हो। इस प्रकार भारत देश का संविधान भारत देश का शास्त्र नहीं है। संविधान को भारत का शास्त्र बनाने के लिए भारत की मूल भावना के अनुरूप नागरिक निर्माण के शिक्षा पाठ्यक्रम को संविधान के अंग के रूप में शामिल करना होगा। जबकि राष्ट्रीय संविधान और राष्ट्रीय शास्त्र के लिए हमें विश्व के स्तर पर देखना होगा क्योंकि देश तो अनेक हैं राष्ट्र केवल एक विश्व है, यह धरती है, यह पृथ्वी है। भारत को विश्व गुरू बनने का अन्तिम रास्ता यह है कि वह अपने संविधान को वैश्विक स्तर पर विचार कर उसमें विश्व शिक्षा पाठ्यक्रम को शामिल करे। यह कार्य उसी दिशा की ओर एक पहल है, एक मार्ग है और उस उम्मीद का एक हल है। राष्ट्रीयता की परिभाषा व नागरिक कर्तव्य के निर्धारण का मार्ग है। जिस पर विचार करने का मार्ग खुला हुआ है।"

"भारत का प्रत्येक नागरिक अपने जीवकोपार्जन के मार्ग व संघर्ष में अपने विषय का जानकार व अनुभव तो प्राप्त कर रहा है परन्तु कुछ पाने के क्रम में कुछ छूट भी जाता है इसलिए प्रत्येक नागरिक को अपने अहंकार को भूलकर यह स्वीकार करना होगा कि वह अपने विषय से हटकर अन्य विषय के विषय में कम या नहीं जानता है।"

अतः एक "आदर्श नागरिक" बनने के क्रम में न्यूनतम ज्ञान सभी को एक समान रूप से चाहिए।

NEW WORLD ORDER

"न्यू इण्डिया" का एक्शन प्लान

www.64inch.com

The Knowledge Equalizer

"सार्वभौम सत्य–सिद्धान्त" एवं "आध्यात्मिक सत्य" पर आधारित जीवन शास्त्र –"विश्वशास्त्र" की

"युग परिवर्तन" श्रृंखला की पुस्तकें

मुख्य शास्त्र

01. *विश्वशास्त्र – द नॉलेज आफ फाइनल नॉलेज*

सारांश के अनुसार

02. मैं सत्यकाशी से कल्कि महावतार बोल रहा हूँ (समष्टि गीता – यथार्थ प्रकाश)

शीर्षक *के अनुसार भाग*

03. विश्वस्तरीय फिल्म लेखन कला
04. प्रारम्भिक सत्य – अन्तिम दृष्टि
05. सत्य धर्म – युग परिवर्तक दृष्टि
06. सत्य दार्शनिक–दर्शन और कर्म वेदान्त–विकास दर्शन
07. सत्य शास्त्र एवं पुराण रहस्य–महर्षि व्यास कला
08. संत एवं गुरू और विश्व संत एवं गुरू
09. समाज और ईश्वरीय समाज
10. सत्य शास्त्र और विश्वशास्त्र
11. कृति और विश्व कृति
12. भारत माता मन्दिर और विश्वधर्म मन्दिर
13. महाभारत और विश्वभारत
14. संविधान और विश्व संविधान
15. शिक्षा और पूर्ण शिक्षा
16. देवता और सार्वभौम देवता कल्कि
17. देवीयाँ और सार्वभौम देवी माँ कल्कि
18. द्वादश ज्योतिर्लिंग और 13वां अन्तिम ज्योतिर्लिंग
19. काशी – मोक्षदायिनी और जीवनदायिनी
20. सत्यकाशी – स्वर्णयुग का तीर्थ
21. काशी – रहस्योद्घाटन
22. 2020 – मन का नवीनीकरण
23. ईश्वर का संक्षिप्त इतिहास
24. अवतार – अन्तिम सत्य दृष्टि
25. भविष्यवाणियाँ और कल्कि अवतार
26. स्वामी विवेकानन्द और कल्कि अवतार
27. मनु, मनवन्तर और कल्कि महावतार
28. व्यास, शास्त्र और कल्कि महावतार
29. ऋषि, ऋषि परम्परा और कल्कि महावतार
30. दूसरा आगमन या अन्तिम आगमन
31. परिवर्तन–काल, मनु, युग, व्यास और शास्त्र
32. राम, रावण और सार्वभौम एकात्म
33. मैं, व्यक्तिगत या सार्वभौम
34. लव कुश (त्रेतायुग) और लवकुश (कलियुग)
35. कल्कि महावतार आ चुके हैं (ACTION PLAN)
36. लव कुश सिंह (कल्कि महाअवतार)–जीवन, ज्ञान, कर्म और विश्वरूप
37. वैश्विक बुद्ध – बुद्ध का भाग दो और अन्तिम
38. बुद्धा कृष्ण – कृष्ण का भाग दो और अन्तिम
39. सम्पूर्ण क्रान्ति–अन्तिम कार्य योजना
40. पुनर्निर्माण (RENEW)–समस्या, समाधान और राष्ट्र निर्माण की योजना
41. पुनर्निमाण (RENEW)– ग्राम एवं नगर वार्ड प्रेरक
42. विश्वशास्त्र द नालेज आफ फाइनल नालेज–परिचय
43. एन्टायर पालिटिक्स – पूर्ण पाठ्यक्रम
44. वसुधैव–कुटुम्बकम्
45. कर्मवेद : प्रथम, अन्तिम तथा पंचम वेद
46. आठवें अवतार श्रीकृष्ण के अनकहे संदेश
47. अयोध्या नहीं, मुंगेर है राम जन्मभूमि
48. विश्वमानव–भूतपूर्व नेतृत्वकर्ताओं का स्पष्टिकरण
49. विश्वमानव–वर्तमान नेतृत्वकर्ताओं का स्पष्टिकरण
50. विश्वमानव–वार्ता, वक्तव्य एवं वाणियाँ
51. विश्वमानव–पत्रावली, प्रसारण और अन्तिम पत्र
52. सत्य जनहित आह्वान
53. विश्व शान्ति–अन्तिम सत्य दृष्टि
54. नई विश्व व्यवस्था का रहस्य
55. समाजवाद – ब्रह्माण्डीय विकास का अवतारी मार्ग
56. भारतवाद – राष्ट्रवाद की मुख्यधारा
57. 100 वर्षीय संयुक्त राष्ट्र को अग्रिम सन्देश
58. सार्वभौम एकात्म–नव विश्व निर्माण
59. गणराज्य, संघ, मानकीकरण संगठन और सम्पूर्ण मानक
60. व्यापार केन्द्र (TRADE CENTRE)–दृश्य सत्य
61. मन का विश्वमानक और पूर्ण मानव निर्माण की तकनीकी (WCM-TLM-SHYAM.C)
62. मानक विपणन प्रणाली (3F:FUEL-FIRE-FUEL)
63. स्वर्णयुग का मानक आदर्श नागरिक–दिशा निर्देश
64. विश्वधर्म : परिचय (स्वर्णयुग का धर्म)

व्यक्ति और विभागीय स्तर पर सफाई–सुधार का पहला प्रारूप की पुस्तक – डा0 रमेश कुमार द्वारा लिखित "विशाल ज्ञान विज्ञान सबका समाधान" है

दर्शन, विचार एवं संपादन

लव कुश सिंह "विश्वमानव"

Search on Google -> Lava Kush Singh "vishwmanav"

पुस्तक उपलब्ध

notionpress.com

Book Store

www.ingramcontent.com/pod-product-compliance
Lightning Source LLC
LaVergne TN
LVHW081056071026
849535LV00013BB/4274